MERIAN *live!*

W0039010

San Francisco

Kay Dohnke studierte Amerikanistik
und ist als freier Journalist und Übersetzer
tätig. Seit er 1979 erstmals nach San
Francisco kam, hat ihn der Zauber dieser
Stadt nicht wieder losgelassen.

Inhalt

◀ Blick auf die Bucht von San Francisco
mit der Insel Alcatraz (▶ S. 43).

Unterwegs in San Francisco — 40

Spaziergänge und Ausflüge — 66

Wissenswertes über San Francisco — 94

✦ Karten und Pläne

Willkommen in San Francisco

Die dynamische Metropole auf den Hügeln am Golden Gate empfängt ihre Besucher mit offenen Armen.

Am Embarcadero sind eigentlich immer Jogger unterwegs. Die Strecke zwischen Fisherman's Wharf und der riesigen Skulptur »Cupid's Span« beim Rincon Park gehört zu den beliebtesten Laufstrecken in San Francisco. Sonntags machen Fahrradfahrer den Joggern Konkurrenz. Sie flitzen mit schicken City Bikes parallel zur San Francisco Bay, vorbei an einstigen Lagerhäusern, in denen längst Cafés und Restaurants Plätze mit Aussicht anbieten. Dann passieren sie die Anlegestelle der Alcatraz Cruises, wo Ausflugsschiffe zum berüchtigten früheren Zuchthaus in der Bay ablegen, oder kleine Parks wie die Justin Herman Plaza

mit ihrer spektakulären Brunnenanlage, an der sich zuweilen Hunderte per Flashmob zu witzigen Aktionen, wie einer wilden Kissenschlacht, versammeln.

Für viele ist das Ferry Terminal Building zumindest einen längeren Stopp wert. Trotz der Brücken über die Bay legen hier noch immer Fähren ab, nach Sausalito, Angel Island, sogar nach Vallejo in der nördlichen San Pablo Bay. Das alte Fährgebäude mit seinem dekorativen Uhrturm hat sich in den letzten Jahren als Bio-Hochburg von San Francisco etabliert, mit Geschäften und Ständen, an denen man Austern schlürfen und Käse probieren kann. Und am

◄ Flowers of love: San Francisco mit seinem bunten, lebendigen Straßenbild ist die Traumstadt der meisten Amerikaner.

Sonntagvormittag kommen Aussteller mit ihren Bio-Produkten dazu. Auf den Marktständen türmen sich Karotten, Avocado oder Kräuter aus ökologischem Anbau, davor Fahrradfahrer, chinesische Hausfrauen, hispanische Familien mit Kinderwagen, das ganze für San Francisco bunte ethnische Spektrum von Einwohnern.

Aus der Krise zum Neubeginn

Eigentlich hat die Stadt den wiedergewonnenen Zugang zur Bay dem Loma-Prieta-Erdbeben von 1989 zu verdanken, das nicht nur Teile der Bay Bridge zum Einsturz brachte, sondern auch den autobahnähnlichen Embarcadero Freeway massiv in Mitleidenschaft zog. Als die Trümmer weggeräumt waren, setzte eine Umgestaltung des heruntergekommenen Viertels ein. Der Embarcadero wurde zur Promenade, zu einer Palmenallee, auf der eine neue Straßenbahnstrecke mit historischen Waggons verkehrte.

Wieder einmal hatte San Francisco gezeigt, dass eine Krise auch zu einem Neubeginn führen kann. Die eigentliche Stadtgründung ist erst gut 160 Jahre her, als am American River in der Nähe von Sacramento Gold gefunden wurde. Einwanderer strömten zu Zehntausenden nach Kalifornien, und San Francisco mutierte in einem Jahr von einem Nest mit 600 Einwohnern zu einer Stadt, in der sich 25 000 Menschen drängten. Der Goldrausch verflog, doch San Francisco hatte sich als Handels-

und Finanzmetropole an der Pazifikküste etabliert. Dem gewaltigen Erdbeben von 1906 fielen ein halbes Jahrhundert später 3000 Menschen zum Opfer, rund 80 Prozent der Stadt waren zerstört. Doch San Francisco erholte sich auch von diesem Schock und lud die Welt schon neun Jahre später zur großen Panama-Pazifik-Ausstellung ein.

Heimat der Hippie-Kultur

Ist es die besondere Lage am westlichen Rand des Kontinents oder das Leben direkt auf der seismisch aktiven San-Andreas-Spalte, die jederzeit ein massives Erdbeben auslösen kann? San Francisco war auf jeden Fall schon immer Sehnsuchtsort für Glückssucher aus allen Kontinenten und Heimat für Querdenker und Unangepasste. Die Beat Generation von Poeten und Denkern rund um den noch heute existierenden Laden City Lights Books war in North Beach zu Hause, in den 1960er-Jahren feierten Tausende Jugendliche in Haight-Ashbury den »Summer of Love« und begründeten die Hippie-Kultur. Wenige Jahre später wurde der Castro District zum Mekka für Schwule und Lesben, die hier nicht das Leben einer diskriminierten Minderheit führen mussten.

So ist San Francisco nicht nur wegen seiner exponierten Lage zwischen Ozean und Bay oder wegen seiner vielen Attraktionen, der spektakulären Golden Gate Bridge zum nördlichen Marin County oder den Cable Cars, zu einem der beliebtesten Reiseziele weltweit geworden. Es war immer auch die ganz besondere Atmosphäre, die Mischung seiner Bewohner, die den einzigartigen Reiz der Bay City ausmachten.

MERIAN-TopTen MERIAN zeigt Ihnen
die Höhepunkte der Stadt: Das sollten Sie sich bei Ihrem
Besuch in San Francisco nicht entgehen lassen.

 Alcatraz
Die Felseninsel beherbergte
einst das sicherste Zuchthaus der USA. Ein Rundgang
vermittelt gruselige Impres-
sionen (▸ S. 43).

 Cable Cars
Seit mehr als 125 Jahren
rumpeln die urigen Vehikel
über die Hügel der Stadt
(▸ S. 44).

 Coit Tower
Der schönste Aussichtsturm
der Stadt mit herrlichem
Blick auf San Francisco und
die Bay (▸ S. 47, 74).

 Fisherman's Wharf
Die bunte Touristenmeile
zieht Jung und Alt in ihren
Bann (▸ S. 48).

 Golden Gate Bridge
Eine Fahrt oder der Spazier-
gang in luftiger Höhe wird
zum Highlight jedes San-
Francisco-Aufenthalts
(▸ S. 49).

 Mission Dolores
Das Kirchlein ist das älteste
Gebäude der Stadt, und der
Besuch des Friedhofs wird
zur Reise in die Kindertage
Kaliforniens (▸ S. 54, 76).

5

 7 Presidio

San Franciscos neue, riesige Parkanlage bietet atemberaubende Blicke auf den Pazifik (▸ S. 57).

 8 Saint Mary's Cathedral

Der große Raum der Kathedrale und die ehrfürchtige Stille, die hier herrscht, lassen die Hektik des Alltags vergessen (▸ S. 57).

 9 de Young Museum

Eine der besten Sammlungen amerikanischer Malerei im spektakulären Museumsneubau (▸ S. 63).

 10 San Francisco Museum of Modern Art

Das Museum präsentiert Schätze aus der Kunst des 20. Jahrhunderts in wechselnden Ausstellungen (▸ S. 64).

1

10

MERIAN-Tipps Mit MERIAN mehr erleben.

Tauchen Sie ein in das Leben der Stadt und entdecken Sie die Seiten San Franciscos, die nur Einheimische kennen.

 The Phoenix Hotel
Schicke Herberge am Rande des Tenderloin District. Hier schliefen schon Keanu Reeves und David Bowie (▸ S. 14).

 Restaurant Bix
Dezente Noblesse und kreative amerikanische Küche – ein Muss für jeden Gourmet (▸ S. 17).

 Amoeba Music
Von Klassik bis Metal, auf unzähligen CDs im größten unabhängigen Musikladen der Stadt (▸ S. 27).

 Party auf Rädern
Der »mexican bus« kreuzt durch die Nacht und bringt seine Gäste zu den angesagtesten Clubs (▸ S. 33).

 Chinese New Year
Die große chinesische Gemeinde feiert den Jahreswechsel mit einer prächtigen Parade (▸ S. 37).

 Children's Creativity Museum
Hier machen Kinder Medien – mit Mikrofonen und Kameras, an Mischpult und Computer (▸ S. 39).

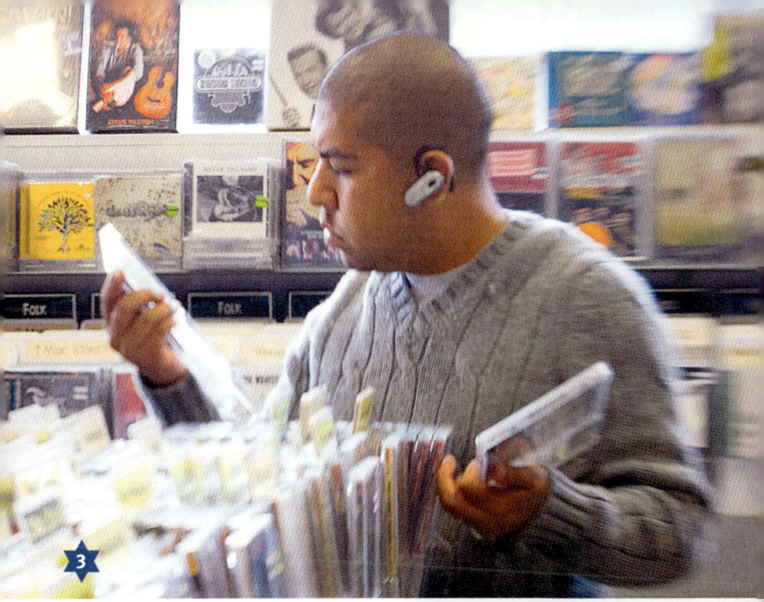

7 **Conservatory of Flowers**
Ein Gewächshaus wie ein Kristallpalast. Im Inneren bunte Blumenpracht und ein Potpourri von Düften (▸ S. 51).

8 **Barbary Coast Trail**
Ein historischer Rundgang auf den Spuren des Goldrauschs (▸ S. 58).

9 **California Academy of Sciences**
Vielseitiges Naturkundemuseum mit Aquarium und Planetarium, dessen Exponate Groß und Klein faszinieren (▸ S. 61).

10 **The Fox Theater, Oakland**
Der in altem Glanz restaurierte Kinopalast in Oakland gehört zu den schönsten Veranstaltungsorten der Bay-Region (▸ S. 81).

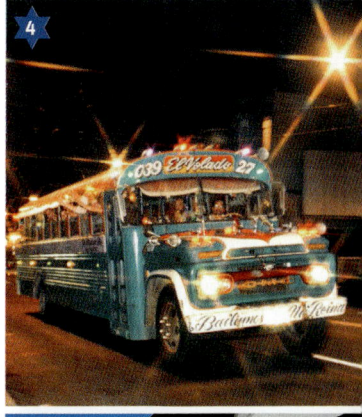

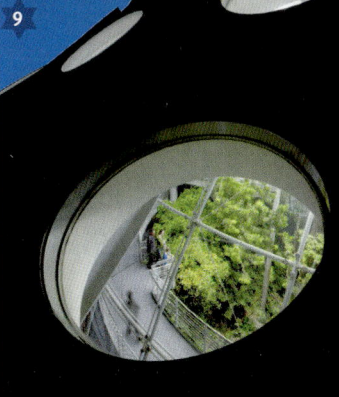

Ein Pionier unter den vegetarischen
Restaurants in Amerika ist das Greens
Restaurant (▶ S. 20), das in einem
alten Lagerhaus untergebracht ist.

Zu Gast in
San Francisco

Ungewöhnlich vielfältig, mit Attraktionen für Erwachsene und Kinder, präsentiert sich die Stadt. Interessante Feste gibt es das ganze Jahr über.

Übernachten
Herbergen auf jedem Niveau hat San Francisco zu bieten. Man kann in luxuriösen Hotels oder schlichten Motels genauso gut wie in verträumten Bed & Breakfast Inns übernachten.

◄ Ein extravagantes Ambiente zeichnet das umweltfreundlich geführte Hotel Triton (▶ S. 13) aus.

Das Geschäft mit den Besuchern hat sichere Perspektiven in San Francisco – und der Bau von Hotels ebenfalls. Während die Cheftouristiker immer größere und luxuriösere Herbergen planen und die Stadt als Messe- und Kongressziel anpreisen, suchen unzählige kleinere Häuser ihre Kunden unter den Individualreisenden.

Vielfältiges Hotelangebot

Das Hotelangebot ist je nach Stadtteil verschieden: Pauschaltouristen wohnen in den **Kettenhotels** bei Fisherman's Wharf, besser betuchte Reisende steigen rings um den Union Square ab, und wer sein Geld nicht mehr zählen muss oder kann, residiert auf dem Nob Hill. **Motels** aller Preisklassen säumen die westliche Lombard Street, und private Bed & Breakfast-Pensionen sind in den Randlagen der Stadt zu finden.

Auf die Übernachtungskosten ist stets die unangenehm hohe städtische **Hotel Tax** von 14 Prozent aufzuschlagen. Doch gibt es in San Francisco viele Hotels, die auch Reisenden mit schmalerem Budget einen Besuch erlauben und dabei hohe Qualität, guten Service und die nötige Sicherheit bieten.

Wer bei deutschen Reiseveranstaltern bucht, hat bereits alle Nebenabgaben eingeschlossen.

Preisangaben gelten stets für zwei Personen, und nicht selten wird für einen dritten oder vierten Übernachtungsgast im selben Zimmer nur ein sehr geringes Aufgeld berechnet.

San Francisco Reservations

Tel. 510/628-4450 • www.hotelres.com

Preise für ein Doppelzimmer mit Frühstück:

€€€€ ab 150 €	€€ ab 60 €
€€€ ab 100 €	€ bis 60 €

HOTELS €€€€

Hotel Bohème ▶ S. 114, C 6

Moderner Charme • Eines der neuen kleinen City-Hotels mit dezentgeschmackvoller Ausstattung und modernstem Komfort inklusive Kabel-TV und Modem-Anschluss für den Computer.

North Beach • 444 Columbus Ave. • Bus 41: Columbus & Stockton • Tel. 433-9111 • www.hotelboheme.com • 15 Zimmer • €€€€

Hotel Triton ▶ S. 115, D 7

Designerchic • Der trendige Stil des Hauses zieht vor allem ein jüngeres Publikum an. Alle Zimmer sind geschmackvoll auf asiatisch getrimmt. Guter Service, günstige Lage.

Chinatown • 342 Grant Ave. • Bus 2, 3, 0, 45, 91: Sutter & Kearny Sts • Tel. 394-0500 • www.hoteltriton.com • 140 Zimmer • €€€€

W San Francisco ▶ S. 115, D 7

Edel gestylt • Modernes Hotel, passend zur Nachbarschaft des Museum of Modern Art. Fassade aus grauem Granit und Glas, Zimmer mit allem Komfort und neuester Technik. Exzellentes Restaurant XYZ und luxuriöses Spa-Angebot.

SoMa • 181 Third St. • Bus 8X, 30, 45, 91, Straßenbahn J, K, L, M: 3rd & Howard Sts • Tel. 777-5300 • www.starwoodhotels.com/whotels • 410 Zimmer und Suiten • €€€€

MERIAN-Tipp **1**

THE PHOENIX HOTEL

▶ S. 114, B 8

Elegantes Hotel im Stil der Sixties und mit Star-Appeal. Little Richard, David Bowie, Red Hot Chili Peppers und viele andere Show-Größen haben sich in den stylischen Räumen wohlgefühlt. Alle hell möblierten und mit Bildern lokaler Künstler dekorierten Zimmer blicken auf den Hotelpool. Eine tolle Atmosphäre herrscht in der 2011 neu eröffneten Restaurant-Bar Chambers.
Tenderloin • 601 Eddy St. • Bus 19: Eddy & Larkin St. • Tel. 776-1380 • www.thephoenixhotel. com • 44 Zimmer • €€€

HOTELS €€€

The Fitzgerald   ▶ S. 114, C 7

Zentral und modern • Neu ausgestattetes City-Hotel mit gutem Service in sehr zentraler Lage – eines der besten Angebote in San Francisco! Frühstücksbuffet und Swimmingpoolbenutzung gratis.
Union Square • 620 Post St. • Bus 2, 3, 76: Post & Taylor Sts • Tel. 775-8100 • www.fitzgeraldhotel.com • 39 Zimmer • €€€

Inn on Castro   ▶ S. 118, C 15

Für Heteros und Gays • Kleines Hotel in einem viktorianischen Holzhaus mit individuell und stilvoll ausgestatteten Zimmern und Apartments im Herzen des alternativen Castro Districts. Gemütliche Lounge, Kochmöglichkeit und Sonnenterrasse mit Blick auf die Stadt. Freundlicher Empfang.
Castro District • 321 Castro St. • Bus 24: Castro St. & Duboce Ave. • Tel. 861-0321 • www.innoncastro. com • 8 Zimmer • €€€

Petit Auberge   ▶ S. 114, C 7

À la française • Kleines Haus im französischen Country-Stil in zentraler Lage. Geschmackvoll eingerichtete Zimmer, schöne Innendekoration. Es gibt Nachmittagstee und eine freundliche Concierge.
Union Square • 863 Bush St. • Bus 2, 3, 76: Sutter & Kearny Sts • Tel. 928-6000 • www.jdvhotels.com • 26 Zimmer • €€€

Stanyan Park Hotel   ▶ S. 118, A 15

Restaurierte Eleganz • Das Hotel aus der Wende zum 20. Jh. steht auf der Liste denkmalgeschützter Gebäude. Es liegt direkt am Rand des Golden Gate Park. Die stilgerecht eingerichteten Zimmer sind mit TV und kostenlosem Internetzugang ausgestattet. Ein reichhaltiges Frühstück am Morgen und ein Nachmittagstee sind bereits im Übernachtungspreis enthalten.
Haight-Ashbury • 750 Stanyan St. • Bus 71, 71L: Stanyan & Waller Sts • Tel. 751-1000 • www.stanyanpark. com • 36 Zimmer • €€€

HOTELS €€

San Remo   ▶ S. 114, C 5

Rustikal • Kleine, ordentliche Zimmer in einer gut 100 Jahre alten früheren Seemannsherberge. Alle Bäder sind auf dem Flur, nur das Penthouse-Zimmer ist mit eigenem Bad und Kühlschrank ausgestattet. Die Zimmer haben weder Telefon noch TV, aber in der Lobby kann telefoniert werden. Zur Fisherman's Wharf sind es nur wenige Gehminuten.

North Beach • 2237 Mason St. • Bus 30: Columbus Ave. & Chestnut St., Straßenbahn F, Cable Car: Taylor & Francisco Sts • Tel. 776-8688 • www.sanremohotel.com • 62 Zimmer • €€

Village House ▶ S. 118, C 16

Gay-friendly • Die beliebte Herberge im Herzen des Castro-Viertels ist geschmackvoll eingerichtet. Auch »Heteros« fühlen sich hier wohl. Castro District • 4080 18th St. • Bus 24, 33, 35: 18th & Castro Sts • Tel. 864-5686 • www.24henry.com/village • 5 Zimmer • €€

HOTELS €

The Adelaide Hostel ▶ S. 114, C 7

Einfach und ruhig • Schlichtes Hotel im Bed & Breakfast-Stil, aber ohne eigenes Bad – sonst zahlt man weit mehr dafür. In ruhiger Seitengasse gelegen, einfacher Komfort, sehr privater Charakter.
Union Square • 5 Isadora Duncan Lane • Bus 38: Queary Blvd & Taylor St • Tel. 359-1915 • www.adelaide hostel.com • 18 Zimmer • €

MOTELS

Cow Hollow Motor Inn & Suites 👬
▶ S. 113, F 2

Familienfreundlich • Einfacher Klinkerbau nahe der Marina mit ordentlichen Zimmern. Interessant für Familien: Mini-Suiten mit ein oder zwei Schlafräumen und Kochgelegenheit. Alle Zimmer mit Kaffeemaschine; Parken ohne Gebühren (bei Bedarf vorher anrufen).
The Marina • 2190 Lombard St. • Bus 28, 43, 91: Lombard & St. Pierce Sts • Tel. 921-5800 • www.cow-hollowmotorinn.com • 129 Zimmer • €€

Encore Express Hotel ▶ S. 114, B 7

Einfach und gut • Ordentliche Herberge in guter Lage mit vernünftigem Preis-Leistungs-Verhältnis, dazu WLAN, Zimmer mit Kühlschrank und Mikrowelle. Bei einigen Zimmern des günstig gelegenen Hotels befindet sich das Bad auf dem Flur und muss mit anderen Gästen geteilt werden.
Nob Hill • 1353 Bush St. • Bus 2, 3, 19: Polk & Sutter Sts • Tel. 816-6207 • www.encoreexpress.com • 18 Zimmer • €€

BED & BREAKFAST
Washington Square Inn
▶ S. 114, C 6

Charmant • Liebevoll ausgestattetes Bed & Breakfast im europäischen Stil – überall Plüsch, Antiquitäten und viele Blumen. Umfangreiches Frühstück und Wein am Spätnachmittag sind im Preis inbegriffen. Guter Standort für das Nachtleben von North Beach.
North Beach • 1660 Stockton St. • Bus 39: Stockton & Filbert Sts • Tel. 981-4220 • www.wsisf.com • 15 Zimmer • €€€

Nob Hill Inn ▶ S. 114, C 7

Romantisch • Die umgebaute, im viktorianischen Stil errichtete Privatvilla aus dem Jahr 1907 beherbergt ein gemütliches Bed & Breakfast Inn. Alle Räume sind mit einem Bad ausgestattet, in einigen davon steht eine altmodische, frei stehende Badewanne. Morgens wird Frühstück serviert, nachmittags Tee und ein Sherry.
Nob Hill • 1000 Pine St. • Cable Car: California & Taylor Sts • Tel. 673-6080 • www.nobhillinn.com • 21 Zimmer • €€

Essen und Trinken

So vielfältig wie die Bewohner der Stadt, so ist auch ihre Küche, ein Mix aus Fleisch, Fisch und Meeresfrüchten, kombiniert mit den Zutaten der Saison.

◄ Das chromblitzende Äußere des Fog City Diner (▶ S. 18) lässt die Ära der Dreißigerjahre wieder aufleben.

Zwar werden in der übrigen Welt oft Hamburger, Hot Dogs und Steaks als typische »Ami-Gerichte« belächelt, doch haben viele US-Bürger die traditionelle Küche ihrer Herkunftsländer weiterentwickelt. Und so stellt sich die fast schon philosophische Frage, ob Chop Suey, Pizza und Tacos nicht auch als amerikanische Speisen angesehen werden müssten – von den Rezepten der Cajuns, Amish oder Californian Cuisine ganz zu schweigen.

Mediterrane Einflüsse

Wer in San Francisco essen gehen will, kann ganz nach persönlichem Gusto unter mehr als 2300 Restaurants wählen. Die kalifornische Küche ist hierbei natürlich stark vertreten. Weniger leicht ist allerdings eine Definition, was sich dahinter verbirgt – irgendwie so etwas wie Nouvelle Cuisine, leicht mediterran mit den Zutaten der Saison. Ohne Avocado, Artischocken und Brokkoli geht kaum etwas, und dazu gibt's oft mariniertes oder gegrilltes Fleisch oder Meeresfrüchte.

Eine gewisse Vorstellung sollte man auch davon haben, wie die Amerikaner auswärts speisen. Wer mittags den Lunch »to go« aus dem nächsten Schnellrestaurant holt oder sich an einem Imbisswagen verpflegt, legt abends zum Dinner gern Wert auf ein etwas förmlicheres Auftreten. Wer zu leger herumläuft, wird in besseren Restaurants ohne Zweifel Missfallen erregen.

Apropos herumlaufen: In amerikanischen Restaurants gilt die Regel

MERIAN-Tipp 2

RESTAURANT BIX ▶ S. 115, D 6

Dieses in einem historischen Lagerhaus eingerichtete Restaurant ist auf kreative amerikanische Küche spezialisiert. Das Interieur ist eine stilvolle Mischung aus Ocean-Liner und Thirties. Perfekt-dezenter Service, exquisite und sehr beliebte Bar – dennoch sind einige der Leckereien durchaus erschwinglich. Zu später Stunde findet die Bar regen Zuspruch bei Nachtschwärmern.
Financial District • 56 Gold St. • Bus 10, 12: Pacific Ave. & Montgomery St. • Tel. 433-6300 • www.bixrestaurant.com • Lunch Mo–Fr ab 11.30, Dinner tgl. 17.30–23, Bar ab 16.30 Uhr • €€€€

»Please wait to be seated«. Man sucht sich also den Sitzplatz nicht aus, sondern wird an einen freien Tisch geführt. Und wenn die sich stets sehr freundlich und persönlich vorstellende Kellnerin oder der Kellner spätestens nach einer Dreiviertelstunde einen skeptischen Gesichtsausdruck bekommt, ist das nicht ungastlich gemeint – Amerikaner sitzen nämlich meist nicht sehr lange im Lokal, und sie oder er fragt sich vielleicht nur, was die Gäste denn noch erwarten.

Entspannter geht es beim Frühstück zu. Den Fans des »American Breakfast« sei der Besuch eines traditionellen Coffee-Shops ans Herz gelegt. Hier gibt's Pancakes mit Sirup, Bratkartoffeln, Toast und Eier in allen Varianten bis in den Abend, und

Kaffee wird gratis nachgeschenkt. In Cafés bestimmen eher die »drei S« den Speiseplan: Suppe, Sandwich, Salat. Kaffee wird pro Becher berechnet.

Auch im freizügigen San Francisco gelten die strengen Nichtrauchergesetze Kaliforniens. In Restaurants darf nicht geraucht werden.

Preise für ein dreigängiges Menü:
€€€€ ab 30 €   €€ ab 10 €
€€€ ab 20 €   € bis 10 €

AMERIKANISCH
Fog City Diner   ▶ S. 115, D 5/6
California Cuisine • Schickes Diner mit viel Chrom und Glas im Stil der 30er-Jahre. Serviert werden traditionelle Gerichte mit neuem Kick. Embarcadero • 1300 Battery St. • Straßenbahn F: Embarcadero Greenwich St. • Tel. 982-2000 • www.fog citydiner.com • Mo–Do 11.30–22, Fr 11.30–23, Sa 10.30–23, So 10.30–22 Uhr • €€

Lori's Diner ❤️❤️   ▶ S. 114, C 7
50er-Jahre-Stil • Drehhocker am Tresen, rot gepolsterte Sitznischen, Spiegel und Fußbodenfliesen im Schachbrettmuster – dazu amerikanische Küche at it's best: überbordende Burger mit Chips, Hot Dogs und riesige Sandwiches in einem Ambiente der Fünfziger. Union Square • 336 Mason St. • Bus 38: Geary Blvd & Powell St., Cable Car: Powell & Sutter Sts • Tel. 392-8646 • www.lorisdiner.com • durchgehend geöffnet • €

Mel's Drive In ❤️❤️   ▶ S. 113, F 2
Retro-Diner • Die richtige Adresse für Fans der Fifties: Es gibt »Melbur-

ger«, viel Neon sowie Juke-Boxes an jedem Tisch. The Marina • 2165 Lombard St. • Bus 22, 28, 43, 91: Filmore & Lombard Sts • Tel. 921-2867 • www.melsdrive-in.com • So–Mi 6–1, Do 6–2 Uhr, Fr/Sa durchgehend geöffnet • €

ASIATISCH
Kyo-Ya   ▶ S. 115, D 7
Mehr als Sushi • Stilvolles und wohl bestes japanisches Restaurant der Stadt. Wer sich bislang erst zu Sushi vorgetastet hat, sollte auch Sukiyaki oder Kyoya-Nabe (Bouillabaisse mit Hummer) probieren. SoMa • 2 New Montgomery St. • BART Montgomery Station • Tel. 546-5089 • www.sfpalace restaurants.com/kyoya • Lunch Mo–Fr 11.30–14, Dinner Mo–Fr 18–22 Uhr • €€€€

Asia SF   ▶ S. 119, E 14
Shrimps und Travestie • Köstliche Garnelen und anderes Meeresgetier. Dazu leckere Cocktails und sehenswerte Travestie-Performance des schrillen Servicepersonals. Sehr unterhaltsam! Castro District • 201 9th St. • Bus 14: Mission & 9th Sts, Bus 19: 8th & Howard Sts, Straßenbahn F: Market & 9th Sts • Tel. 255-2742 • www.asiasf. com • Mi–Do 19–23, Fr, Sa 19–2, So 19–22 Uhr • €€

Kam Po Kitchen   ▶ S. 114, C 6
China pur • Nüchternes Ambiente wie in Hongkong oder Taipeh: Es gibt nur Tee und authentisch chinesische Küche, dafür verirrt sich auch kaum ein Tourist hierher. Chinatown • 801 Broadway • Bus 10, 12: Pacific Ave. & Powell St. • Tel. 982-3516 • Mo–Sa 8–19 Uhr • €

FRANZÖSISCH

Masa's ▸ S. 115, D 7

Für Gourmets • Eines der besten französischen Restaurants der USA mit Schwerpunkt auf Fisch-, Muschel- und Wildgerichten. Die Weinkarte umfasst mehr als 600 verschiedene Weine.
Union Square • 648 Bush St. •
Bus 8X, 30, 45, 91: Stockton & Sutter Sts • Tel. 989-7154 • www.masas restaurant.com • Di–Sa 17.30–21.30 Uhr • €€€€

ITALIENISCH

Zuni Café & Grill ▸ S. 119, D 14

Austern und Meer • Seit über 20 Jahren trendy. Es gibt Antipasti, Austern, Lachs, Pasta und Salate, dazu Aperitifs und diverse Biere. Eine täglich wechselnde Karte lässt keine Langeweile aufkommen.
Civic Center • 1658 Market St. •
Bus 6, 71: Page & Franklin Sts, Straßenbahn F: Markets & Gough Sts • Tel. 552-2522 • www.zunicafe.com • Di–Do 11.30–23, Fr–Sa 11–24, So 11–23 Uhr • €€€

Alioto's ▸ S. 114, B 5

Fisch auf Italienisch • Ältestes Seafood-Restaurant San Franciscos, seit 1925 in Familienbesitz. Neben den Köstlichkeiten des Pazifiks wie etwa dem Red Snapper werden auch sizilianische Spezialitäten serviert. Toller Blick auf die Bay.
North Beach • 8 Fisherman's Wharf • Straßenbahn F: Jefferson & Taylor Sts • Tel. 673-0183 • www.aliotos. com • tgl. 11–23 Uhr • €€

Caffè Macaroni ▸ S. 115, D 6

Wie bei »mamma« • Im schmalen Restaurant gibt es Pasta wie zu Hause in Italien bei »mamma«. Kein Wunder, dass sich zuweilen Schlangen vor der Tür bilden.

1979 gegründet und immer weiter ausgebaut: Im Zuni Café & Grill (▸ S. 19) kann man heute auf zwei Etagen schlemmen oder draußen vor der Glasfassade Platz nehmen.

North Beach • 124 Columbus Ave. •
Bus 15, 41: Powell & Bush Sts • Tel.
956-9737 • www.caffemacaroni.com •
Mo–Sa 17.30–22 Uhr • €€

KALIFORNISCH
Radius Restaurant ▸ S. 119, F 14

Bistro-Flair • Kalifornische Küche
aus regionalen Zutaten in einem hel-
len, schlicht dekorierten Lokal mit
Sonnenterrasse. Zu frischem Lamm
und Seafood schmeckt Fassbier aus
der Region.
SoMa • 1123 Folsom St. • Bus 6, 9,
14, 19, 21, 71: Folsom & San Jose
Ave. • Tel. 525-3676 • http://radiussf.
com • Di–Sa 17.30–22.30 Uhr, Café
Di–Sa 16–19 Uhr • €€€

KARIBISCH
Cha Cha Cha ▸ S. 118, A 15

Kreolische Tapas • Hier gibt's leb-
hafte Musik, Rotwein und Sangria
und schmackhafte Tapas. Sehr beliebt bei Alt und Jung. Wartezeit
sollte man deshalb einkalkulieren.
Haight-Ashbury • 1801 Haight St. •
Bus 71: Stanyan & Waller Sts, Bus 33,
37, 43: Shrader & Haights Sts •
Tel. 386-7670 • www.cha3.com •
tgl. 11.30–16, So–Do auch 17–23,
Fr/Sa 17–23.30 Uhr • €

SÜDAMERIKANISCH
San Miguel Restaurant
 ▸ S. 119, E 16

Guatemala mit Musik • Gemütliches
guatemaltekisches Lokal im Mission
District. Die kleine Küche zaubert
Tamales und Enchiladas, Mariscos
und Tacos. Hin und wieder spielen
Musiker aus dem Viertel.
Mission District • 3263 Mission St. •
Bus 12: Folsom & 20th Sts •
Tel. 641-5866 • Do–Di 11–22 Uhr •
€

VEGETARISCH
Greens ▸ S. 114, A 5

Zen-buddhistisch • Aus Zutaten der
Saison wird hier zen-buddhistisch-
vegetarisches Essen kreiert. Blick auf
die Bay – gesundes Essen inmitten
von Licht, Natur und Kunst.
The Marina • Fort Mason Center,
Building A, Marina Blvd & Buchan'an
St. • Bus 28: Marina Blvd & Laguna
St. • Tel. 771-6222 • www.greens
restaurant.com • Di–Sa 11.45–14.30,
Sa 11–14.30, Brunch Sa 11–14.30,
So 10.30–14 Uhr, Café-Dinner So–Fr
17.30–21 Uhr • €€

CAFÉS
All You Knead 🍴👤 ▸ S. 118, B 15

Bio-Frühstück • Alternative Früh-
stückspalette von Makro-Bio-Müsli
bis zum Health-Food-Burger. Guter
Kaffee, gute Croissants – und dazu
jede Menge Alt-Hippies als Stamm-
gäste. Sehr günstige Preise.
Haight-Ashbury • 1466 Haight St. •
Bus 33, 37: Ashbury & Haights Sts,
Bus 71: Haight St. & Masonic Ave. •
Tel. 552-4550 • tgl. 8–22 Uhr

Cafe de la Presse ▸ S. 115, D 7

Französisches Frühstück • Nicht nur
der Name, auch das Frühstück ist
hier echt französisch – und gut!
Union Square • 352 Grant Ave. •
Bus 8X, 30, 45, 91: Stockton & Sutter
Sts • Tel. 398-2680 • www.cafedela
presse.com • Frühstück Mo–Fr 7.30–
10, Sa und So 8–11.30, Brunch Sa
und So 11.30–16, Lunch Mo–Fr
11.30–14.30, Dinner Mo–Do 17.30–
21.30, Fr–So 17.30–22 Uhr

Caffè Trieste ▸ S. 115, D 6

DAS italienische Café • Hier lebt
das traditionell italienische North
Beach: Samstags schmettern die In-

Viel italienisches Flair bekommt der Gast im Caffè Trieste (▸ S. 20) zu spüren – und genießt es bei einem Glas Wein oder beim – so heißt es – besten Espresso der Stadt.

haber mit Inbrunst Arien, werktags treffen sich die Intellektuellen. North Beach • 601 Vallejo St. • Bus 8X, 41: Columbus Ave. & Broadway/Stockton St. • Tel. 392-6739 • www.caffetrieste.com • So–Do 6.30–23, Fr und Sa 6.30–22 Uhr

Dottie's True Blue Cafe

▸ S. 114, C 7

Coffeeshop mit Ambitionen • Continental Breakfast, aber auch New American Cuisine wie gegrilltes Eggplant-Sandwich und Banana Betty.

Union Square • 522 Jones St. • Bus 27, 38: Geary Blvd & Jones St. • Tel. 885-2767 • Mi–Mo 7.30–15 Uhr

Panini

▸ S. 118, B 15

Im Herzen von Haight-Ashbury • In diesem kleinen Szene-Café mit Bio-Kaffee oder -Tee gibt es köstliche Sandwiches in vielen Variationen. Haight-Ashbury • 1457 Haight St. • Tel. 552-8057 • Bus 33, 37: Ashbury & Haight Sts, Bus 71: Haight St. Masonic Ave. • www.paninisf.com • Mo–Fr 7–20, Sa/So 8–19 Uhr

grüner
reisen

Wer zu Hause umweltbewusst lebt, möchte dies vielleicht auch im Urlaub tun. Mit unseren Empfehlungen im Kapitel grüner reisen wollen wir Ihnen helfen, Ihre »grünen« Ideale an Ihrem Urlaubsort zu verwirklichen und Menschen zu unterstützen, denen ein verantwortungsvoller Umgang mit der Natur am Herzen liegt.

Vom Golden Gate zum Green Gate

Nachhaltige Wirtschaft, Recycling von Abfällen, Bio-Produkte – San Francisco hat sich an die Spitze der neuen Öko-Welle in den USA gesetzt. Gerade erst hat die Bay City in einer Studie den Titel als US-Stadt mit den wenigsten Abfällen eingeheimst, nun steckt sie sich neue Ziele. Die gegenwärtige Recycling-Rate von 70 Prozent soll bis 2020 auf 100 Prozent gesteigert werden. Auf dem internationalen Flugplatz der Stadt stehen drei »Climate Passport Kiosks«, durch deren Lesegeräte Reisende ihre Kreditkarte ziehen können, um für Klimaschutzprojekte zu spenden. Erstaunliche 125 000 Arbeitsplätze in San Francisco werden inzwischen dem grünen Wirtschaftssektor zugerechnet. Damit liegt die Stadt in den USA ebenso an der Spitze wie bei den Berufspendlern, bei denen mehr als die Hälfte öffentliche Verkehrsmittel nutzen. Eine wachsende Anzahl von Hotels an der Bay trennt Müll, nutzt kein Chlor, aber dafür Bio-Produkte und entwickelt Programme, um Energie einzusparen. Und mit einer entsprechenden Umweltinitiative des Hilton Hotels im Financial District ist die Grüne Bewegung inzwischen auch im Mainstream angekommen.

ÜBERNACHTEN
Orchard Garden Hotel ▶ S. 115, D 7

Das in warmen Erdfarben eingerichtete Eco-Boutique-Hotel liegt nur zwei
Blocks vom Union Square entfernt.
Entsprechend den Richtlinien des U.S.
Green Building Council besteht ein
großer Teil der Einrichtung aus recycelten Materialien, und zur Reinigung der
Zimmer werden ausschließlich natürli-
che Produkte ohne schädliche Chemi-
kalien verwendet. Im Haus sind nur
Stromsparlampen im Einsatz. Die
energiesparende individuelle Klima-
und Beleuchtungsregelung wird mit
dem Zimmerschlüssel aktiviert. Dabei
muss sich die Ausstattung nicht verstecken, mit LCD-Flachbild-TV, i-Pod-
Dock und kostenlosem Hochge-
schwindigkeits WLAN. Im Bad findet
man selbstverständlich nur organische Seifen und Pflegeprodukte. Das
Roots Restaurant serviert amerikanische Gerichte mit mediterraner Note,
natürlich mit Produkten aus biologischem Anbau.
Union Square • 466 Bush St. • Bus 8X:
Kearny & Bush Sts • Tel. 399-9807 •
www.theorchardgardenhotel.com •
86 Zimmer • €€€

ESSEN UND TRINKEN
Annabelle's Bar & Bistro
▶ S. 115, D 7/8

Wunderbar leichte kalifornische Küche mit organisch angebautem Gemüse sowie Fisch und Fleisch aus nachhaltiger Zucht. Das einladende Restaurant mit von Säulen gestützten
hohen Decken und französischem
Bistro-Ambiente liegt gleich um die
Ecke der Yerba Buena Gardens. Der
Spargelsalat ist köstlich, und auch
die Pazifik-Austern kommen aus einer
Zucht, die alle Meeresschutzauflagen
erfüllt.

Doch Annabelle's versucht auch seine
ökologischen Fußstapfen möglichst
klein zu halten, mit einem ambitio-
nierten Programm zur Reduzierung
des Energieeinsatzes und des Wasser-
verbrauchs. Darüber hinaus werden
so viele recycelte Materialien wie mög-
lich eingesetzt und der organische
Abfall kompostiert. Gut erhaltene,
nicht mehr benötigte Rohwaren gehen
an eine Armenspeisung.
SoMa • 68 4th St. • Bus 14, 14 L:
Mission & 4th Sts • Tel. 777-1200 •
www.annabelles.net • Lunch tgl.
11.30–15, Dinner So–Do 17.30–
22.30, Fr/Sa 17.30–23 Uhr • €€€

Elixir   ▶ S. 119, D 15

Die erste zertifizierte »Green Bar« in
den USA serviert nicht nur grünen
Chartreuse-Likör, sondern exzellente
Cocktails, deren Zutaten aus organischem Anbau stammen. Die Drinks
schonen nicht nur die Umwelt, sie
schmecken auch bestens. Das zeigen
die vielen Gäste aus der Nachbarschaft, aber auch diverse Auszeich-
nungen, wie die zum »Bartender of the
Year 2010«. Wer wissen will, warum
Yuletide Moon, Vigilance Committee
oder Sunset on Dunningan so fan-
tastisch schmecken, kann sich beim
Cocktail-Seminar »Organisch, ge-
schüttelt und gerührt« von Barmixer
und Besitzer Joseph Ehrmann ein-
schreiben.
Mission District • 3200 16th St. •
Bus 22: 16th & Valencia Sts •
Tel. 552-1633 • www.elixirsf.com •
Mo–Fr 15–2, Sa 12–2, So 11–2 Uhr

EINKAUFEN
Azalea Boutique   ▶ S. 114, B 8

Die angesagte Fashion Boutique führt
legere Mode, Schuhe, Taschen und Ar-
tikel zur Körperpflege. Das Besondere

ist ihr Katalog mit Eco-friendly products. Bei den Tops, Hosen oder Röcken der Produktlinie oder bei Cremes und Shampoos werden Wild- und Tierschutz beachtet, sind nur Pflanzenfasern aus pestizidfreiem Anbau verarbeitet. Es gibt Sportbekleidung aus schnell nachwachsendem Bambus. Außerdem verhilft eine gezielte Einkaufspolitik in Ländern der Dritten Welt armen Kleinbauern zu einem regelmäßigen Einkommen.
Civic Center • 411 Hayes St. •
Bus 21: Hayes & Gough Sts •
www.azaleasf.com

Ferry Plaza Farmers Market

▶ S. 115, E 6

Dreimal in der Woche, am Dienstag, Donnerstag und am Samstag, herrscht vormittags ein besonders buntes Treiben rund um das Ferry Terminal Building. Früchte, Gemüse, Kräuter, Blumen, dazu Fleisch oder Eier auf den dicht gedrängten Ständen kommen von rund 80 kleinen Farmen und Ranches rund um die Bay. An verschiedenen Marktständen werden köstliche Käsesorten von kleinen Hofkäsereien, selbst eingekochte Marmeladen und frisch gebackenes Brot verkauft. Die meisten Produkte stammen aus organischem Anbau von Bio-Höfen der Region. Den Markt organisiert CUESA, ein gemeinnütziges Informationszentrum, das über die Vorteile nachhaltiger Landwirtschaft aufklärt.
Im Ferry Terminal kann ohne schlechtes Gewissen weitergeschlemmt werden. An den Bistrotischen der Hog-Island Oyster Company gibt es Austern, die unter strenger Beachtung von Meeresschutzauflagen gezüchtet wurden. Auf den Tresen der Prather Ranch Meat Company kommt nur gut abgehangenes Rind- und Kalbfleisch aus

organischer Aufzucht. Die Tiere haben auf der gut 5000 ha großen Ranch beim Mount Shasta genügend Auslauf. Die Cowgirl Creamery hat sündhaft leckeren Käse hinter ihrer Theke, von ausgesuchten bio-zertifizierten Käsereien, aber auch aus eigener handwerklicher Produktion. Und die Blue Bottle Coffee Company serviert nur organischen Kaffee, der nicht mit Pestiziden in Berührung gekommen ist, sowie täglich frisch zubereitete Desserts aus biologischem Anbau.
Embarcadero • Ferry Building Marketplace • One Ferry Building • Straßenbahn F: The Embarcadero & Folsom St. • www.ferrybuildingmarketplace. com • Di, Do 10–14, Sa 8–14 Uhr

AM ABEND

Temple Night Club

▶ S. 115, E 7

Paul Hemming ist einer der bekanntesten DJs der Stadt und Clubbesitzer. Gleichzeitig hat er eine Mission. Er will gute Musik produzieren, sein Club soll basisdemokratisch geführt werden, und auch der Umwelt soll es gut gehen. So werden 90 Prozent des gesamten Abfalls wiederverwendet, aus Essensresten wird Kompost, Bratfett endet als Biodiesel, Werbung soll demnächst ganz ohne Papier auskommen. In den farblich unterschiedlich gestylten Räumen wird zu Dance & House, Hip-Hop und Music Mix getanzt. Am Wochenende bis 4 Uhr früh.
SoMa • 540 Howard St. • Bus 800:
1st & Howard Sts • www.templesf.com

FESTE UND EVENTS

Union Street Festival

▶ S. 114, A 6

Inzwischen seit 35 Jahren feiern die Bewohner von Cow Hollow und Tausende Besucher aus anderen Stadtvierteln Anfang Juni ihr Straßenfest. Auf zwei Bühnen heizen Livegruppen

Herrlich frisch und grün präsentieren sich die Auslagen der Marktstände auf dem Ferry Plaza Farmers Market (▶ S. 24), der dreimal in der Woche abgehalten wird.

den Zuschauern ein, und bei über zwei Dutzend Essensständen muss keiner verhungern. Mehr als 150 Künstler und Kunsthandwerker aus der ganzen Stadt zeigen und verkaufen ihre Kreationen. Und seit mehr als drei Jahren, nachdem das Festival sein Logo um den Untertitel »Eco-Urban Festival« erweitert hat, nimmt der Umweltschutz neben Wein, Bier und Musik einen wachsenden Raum ein. In einer Öko-Zone demonstrieren »grüne« Unternehmen wie Happy Green Bee, die witzige Kinderkleidung aus organisch produzierten Rohstoffen herstellen, oder Naya, die Körperpflegeprodukte aus nachhaltiger Produktion vertreiben, ihr Konzept. Künstler stellen Objekte aus recycelten Rohstoffen aus. The Marina/Cow Hollow • Union & Gough Sts • Bus 45: Union & Gough Sts • www.unionstreetfestival.com

AKTIVITÄTEN

Stoked SF   ▶ S. 112, nördl. b 1

Die meisten Touren dieses Veranstalters gehen ins Marin County, gleich nördlich der Golden Gate Bridge. Hier gibt es Berge und Hügel, ideal zum Mountainbikefahren. Wanderstrecken unterschiedlicher Schwierigkeitsgrade führen die Steilküste entlang oder lassen die Skyline von San Francisco hinter einer Hügelkuppe auftauchen. Stinson Beach und andere Buchten an der Pazifikküste sind wie geschaffen zum Wellenreiten. Wer möchte, kann bei den Profis von Stoked SF Kite Boarding lernen oder ganz entspannt im Kajak in der Bay paddeln.
www.stokedsf.com • Anmeldung per E-Mail oder Tel. 515-8692 • Die Ausrüstung wird komplett gestellt. Treffpunkt jeweils in Sausalito am Anleger der San Francisco Fähren.

Einkaufen Im Shopping-Paradies San Francisco gibt es alles, was das Herz begehrt. Das kann die klassische Jeans oder ein T-Shirt sein, genauso wie das Ausgefallene, das man in exotischen Läden entdeckt.

◄ Neue und gebrauchte CDs in großer Auswahl gibt es bei Amoeba Music (▶ MERIAN-Tipp, S. 27).

MERIAN-Tipp

AMOEBA MUSIC ▶ S. 118, A 15

Wo früher Bowlingkugeln die Pins abräumten, breitet inzwischen der legendäre Amoeba Musikladen sein Riesenangebot an gebrauchten CDs, Film-DVDs und »in-stores« Live-Mitschnitten von kostenfreien Konzerten aus.
Haight-Ashbury • 1855 Haight St. • Bus 33, 71: Haight & Stanyan Sts • www.amoeba.com • Mo–Sa 10.30–22, So 11–21 Uhr

In der »Welthauptstadt der Jeans« bekommt man die robusten Hosen erstaunlich günstig. Beim Sightseeing wird aber schnell deutlich, dass San Francisco weit mehr zu bieten hat als preiswerte Massenware. Vor allem in Vierteln mit individueller Prägung wie Chinatown, Haight-Ashbury oder dem Mission District sind exotische Überraschungen und ausgefallene Objekte sicher – ob mysteriöse Heilkräuter, mexikanische Heiligenkerzen oder Artefakte der Hippie-Ära.

Exotische kleine Läden

Manchmal allerdings sehen die Geschäfte aus, als wären sie nur für Insider oder eben Angehörige der jeweiligen Ethnie oder kulturellen Gruppe gedacht. Gehen Sie trotzdem hinein – je exotischer ein Laden ist, desto ungewöhnlichere Funde sind zu erwarten, und das Einkaufserlebnis schlägt jeden Besuch in einem Kaufhaus um Längen. Außerdem dürfte das Shopping hier auch billiger sein: In den kleineren Geschäften verkehrt ein normaleres Publikum, und es darf auch gern um Preise gefeilscht werden.

Wer schick einkaufen will, ist rund um den Union Square richtig. An der Northern Waterfront zwischen Pier 39 und Fisherman's Wharf kann man sich mit Krimskrams und den üblichen touristischen Souvenirs eindecken.

Sehr freundlich geht es in fast allen Geschäften zu: In Amerika ist man serviceorientiert. Rings um die Market Street sind die Verkaufssitten jedoch stellenweise rauer. Mit supergünstigen Postkartenpreisen lockt man hier die Kunden in Läden und dreht ihnen dann mit allerlei Tricks Fotozubehör oder elektronische Geräte an.

Die meisten Geschäfte haben von Montag bis Samstag zwischen 9 und 18 Uhr geöffnet. Von dieser Regel gibt es viele Ausnahmen, Läden in Chinatown und auch kleinere Lebensmittelgeschäfte sind oft sehr viel länger offen, zum Teil auch am Sonntag. Seven-Eleven und ähnliche Läden schließen überhaupt nicht. Die großen Shopping Malls sind meist täglich von 10 bis 20 Uhr geöffnet.

An vielen Läden prangen große Schilder mit Aufschriften wie »sale«, »bargain«, »special price« – da ist Vorsicht geboten! Ausverkäufe sind jederzeit erlaubt, ohne dass man wirklich prüfen kann, ob die Ware verbilligt wurde. Bitte beachten: Am Ende muss man eine Art Mehrwertsteuer (»sales tax«) von 8,25 Prozent hinzurechnen, die auf den Preisschildern oft nicht ausgezeichnet ist.

City Lights Books (▶ S. 28) ist einer der wenigen großen unabhängigen Buchläden in den USA. Zwischen seinen Regalen vergessen Literaturfreunde gerne die Zeit …

Bezahlen lässt sich am einfachsten mit Kreditkarte. Viele kleine Geschäfte jedoch akzeptieren bei niedrigeren Beträgen ausschließlich Bargeld oder Reiseschecks in Dollar.

BÜCHER

Bibliohead ▶ S. 119, D 14

Kleines Geschäft für erlesene Titel aus dem Bereich Literatur und Kunst. Auch Secondhandangebote.
Hayes Valley • 334 Gough St. • Bus 47, 49, 5: Hayes & Gough Sts • www.bibliohead.com • So–Di 12–20, Mi–Sa 11–21 Uhr

City Lights Books ▶ S. 71, b 1

Erster Taschenbuchladen der USA und Mekka der Beat Generation. Der Schriftsteller und Inhaber Laurence Ferlinghetti legt Wert auf ein herausragendes literarisches Sortiment. Manchmal werden Lesungen im legendären Keller veranstaltet, wo man bis tief in die Nacht stöbern kann.
North Beach • 261 Columbus Ave. • Bus 41: Howard & Main Sts, Bus 10, 12: Broadway & Grant • www. citylights.com • tgl. 10–24 Uhr

Green Apple Books ▶ S. 117, F 9

Seit über 40 Jahren ist der Laden eine Fundgrube mit etwa 160 000 neuen und gebrauchten Büchern.
Richmond • 506 Clement St. • Bus 44: 6th Ave. & Clement St. • www.green applebooks.com

DROGERIE

Common Scents ▶ S. 119, südl. D 16

Der Duft zieht Kunden unwiderstehlich in den Laden, in dem man sich ohne Hast zu Seifen, Cremes, Haarwaschmittel und biologischen Hautprodukten beraten lassen kann.
Eureka Valley • 3920 24th Street • Bus 48: 24th & Sanchez Sts

GESCHENKE

Old Shanghai ▸ S. 115, D 7

Große Auswahl von asiatischen Geschenkideen, Kleidung, Kinderartikeln, Geschirr und Dekor online oder im Shop in Chinatown.
Chinatown • 645 Grant Ave. • Cable Car: California St. & Grant Ave. • www.oldshanghaionline.com

Rare Device ▸ S. 119, D 15

Geschmackvolles eigenes Design bei Geschirr, Karten, Seifen, Bekleidung.
Hayes Valley • 1845 Market St. • Straßenbahn F: Market & Laguna St. • www.raredevice.net

KAUFHÄUSER

Macy's ▸ S. 115, D 7

Konsumtempel nach New Yorker Vorbild mit allen Produktsparten eines klassischen Kaufhauses inklusive Postamt, Café und Gourmet-Imbiss.
Union Square • 170 O'Farrell St. • Bus 27, 38: Geary Blvd & Jones St. • www.macys.com

Neiman Marcus ▸ S. 115, D 7

Auf den ersten Blick »nur« ein Kaufhaus der gehobenen Klasse, auf den zweiten eine Fundgrube für Klamotten teils namhafter Hersteller.
Union Square • 150 Stockton St. • Bus 8, 30, 45, 91: Stockton St. & Geary Blvd • www.neimanmarcus.com

Westfield San Francisco Center ▸ S. 115, D 7/8

Vier Stockwerke mit über 150 Geschäften jeglicher Ausrichtung, dazu kommen mehrere Etagen der Nordstorm- und der Bloomingdale-Kaufhäuser.
Union Square • 865 Market St. • BART Powell Street Station

FÜR KINDER

Paxton Gate's Curiosities for Kids ▸ S. 119, D/E 16

Hier haben Kinder richtig Spaß. Im Angebot: kreatives Spielzeug, interaktive Spiele, Holzspielzeug, Kuscheltiere und vieles mehr. Nebenbei wird auch jeder Erwachsene in dem Kaufhaus etwas für sich entdecken.
Castro District • 766 Valencia St. • Bus 33: Valencia & 18 Sts • www.paxton gate.com

KURIOSES

Light Opera Gallery ▸ S. 114, C 7

Eine Entdeckungsreise für das Auge: High-End-Kaleidoskope in grenzenloser Vielfalt und mit unglaublichen optischen Effekten, dazu Briefbeschwerer und wuchtige Glaskunstwerke in zahlreichen Farben.
Union Square • 460 Post St. • Bus 38: Geary Blvd & Stockton St. • www.lightopera.com

The Curiosity Shoppe ▸ S. 119, D/E 16

Hier gibt es merkwürdige Korkenzieher, ein französisches Käsebrett und auch eigentlich Unmögliches, wie sprechende Bilder. In der Tat mehr als kurios.
Castro District • 855 Valencia St. • Bus 33: Valencia & 18 Sts • www.curiosity shoppeonline.com

MODE

Goorin Bros. Hatmakers ▸ S. 115, D 7

Seit 1949 an der Bay: Kappen und Mützen, Fedoras und Panamas, Kopfbedeckungen jeglicher Art, handgemacht aus Wolle, Filz, Stroh.
Union Square • 111 Geary St. • Bus 5, 21, 31, 38: Market St. & Montgomery St. • www.goorin.com

Lavish ▸ S. 119, D 14

Geschenke und Kleidung für Babys, Kinder und die Mutter, aber immer originell bis extravagant. Örtliche Designer gestalten die Accessoires, Strampelanzüge, Schmuck aus Stahl oder die blauen Elefanten.
Hayes Valley • 508 Hayes St. • Bus 21: Hayes & Laguna St. • www.shop lavish.com

Piedmont ▸ S. 118, B 15

Das schrägste Zubehör der Stadt für ungewöhnliche Outfits: Aus mehr als 400 Materialien werden hier binnen drei Tagen alle Kunden-Fantasien realisiert.
Haight-Ashbury • 1452 Haight St. • Bus 33, 37: Ashbury & Haight Sts • www.piedmontsf.com

Wasteland ▸ S. 118, A/B 15

Schrille Klamotten aus einem großen Secondhandshop. Der Stil wechselt mit der aktuellen Mode, doch es bleibt unverwechselbar Haight-Ashbury, auch wenn längst Kreationen aus Leder, Lack und Vinyl neben Batikstoffen hängen.
Haight-Ashbury • 1660 Haight St. • Bus 33, 37: Ashbury & Haight Sts • www.wastelandclothing.com

Wilkes Bashford ▸ S. 115, D 7

Spezialgeschäft für qualitative Herrenmode, das neben teuren internationalen Marken auch zahlreiche weniger bekannte Designer aus dem Bay-Gebiet im Angebot hat.
Union Square • 375 Sutter St. • Bus 2, 3, 30, 45, 91: Sutter & Stockton Sts

MUSIK

Aquarius Records ▸ S. 119, E 16

Der eher kleine Laden wird von Musikkennern geführt und hat in seinem Sortiment auch CDs abseits des Mainstream, wie z. B. Black Metal, aber auch Folk und sogar Krautrock.
Mission District • 1055 Valencia St. • BART: 24th & Mission Sts • www. aquariusrecords.org

Clarion Music Center ▸ S. 115, D 7

Hier gibt es von klassischen Taiko Drums über Didgeridoos bis zur Violine alles Mögliche an Instrumenten zu kaufen. Dazu auch Noten und Bücher über Musik.
Chinatown • 816 Sacramento St. • Bus 1: Sacramento St. & Grant Ave. • www.clarionmusic.com

Recycled Records ▸ S. 118, B 15

Einer der besten CD-Secondhandläden der Stadt. Die Lautstärke innen ist gewaltig, mit vielen Variationen von Rock-Interpreten.
Haight-Ashbury • 1377 Haight St. • Bus 6, 37, 43, 71, 71L: Haight St. & Masonic Ave. • www.recycled-records.com

PORZELLAN/KERAMIK

Gump's ▸ S. 115, D 7

Sehr altes Fachgeschäft für Westliches wie Fernöstliches: Antiquitäten aus Europa und Asien, Kunsthandwerk, Schmuck und Porzellan.
Union Square • 135 Post St. • Straßenbahn F: Market & Kearny Sts, Bus 8X, 30, 45, 81X, 91: Kearny St. & Geary Blvd • www.gumps.com

SCHUHE

HeidiSays Shoe Salon ▸ S. 114, A 7

In Heidis Geschäft gibt es wirklich besondere Schuhe. Nicht nur Stilettos, sondern auch extravagante Mokassins, gestreifte Missoni-Schuhe und viele andere bekannte Marken. Sehr schick!

Luxuriöse Geschenke, geschmackvolle Mitbringsel und Dekoratives aus Fernost für zu Hause kann man bei Gump's (▶ S. 30) erstehen.

Pacific Heights • 2105 Fillmore St. • Bus 1BX: California & Fillmore Sts • www.heidisays.com

Shoe Biz ▶ S. 118, A/B 15

Hipper Laden mit allein zwei Filialen in der Haight Street. Es gibt Schuhe in schrillen Farben und ungewöhnlichen Formen, aus Plastik oder Leder.
Haight-Ashbury • 1553 und 1420 Haight St. • Bus 33, 37: Ashbury & Haight Sts, Bus 71: Haight St. & Masonic Ave. • www.shoebizsf.com

SPORT

Mollusk ▶ S. 116, B 11

Kult-Laden der Westcoast Surfer mit maßgefertigten Surfbrettern, coolen T-Shirts und Jacken, mit Motiven örtlicher Künstler. Wer seine Ausrüstung komplettieren möchte, findet Surf Bags oder eine Auswahl an Finnen. Dazu Filme, Bücher, Skulpturen und allerlei Gimmicks, natürlich rund ums Wellenreiten.
Sunset • 4500 Irving St. • Bus 18: Legion of Honor • www.mollusksurf shop.com

Am Abend San Francisco bietet mit seinen Theatern, Musiklokalen und Bars ein spannendes Nachtleben. Auch internationale Stars kommen gern in die Stadt, um hier aufzutreten.

◄ Zum Wahrzeichen eines ganzen Stadt-viertels wurde die Leuchtreklame des Castro Theatre (▸ S. 34).

So sehr sich die San Franciscans auch über bestehende Grenzen hin-wegsetzen – eine Einschränkung ist nicht zu ignorieren: die Sperrstunde. Um 2 Uhr nachts endet der Aus-schank von Alkohol in Kneipen, Bars und Clubs – ausnahmslos!
Das intensivste und bunteste Nacht-leben findet im Viertel South of Market statt, wo sich vor den Clubs oft lange Warteschlangen bilden. Um den Union Square herum liegen die klassischen Theater und Bars.

Vielfältiges Angebot

San Francisco ist mit dem Bay-Ge-biet allemal groß genug, um auch internationale Stars anzulocken. Vor allem im Herbst und Winter gibt es ein hervorragendes Angebot an Konzerten und Aufführungen. Kartenbestellungen aller Art bei www.tickets.com. Eine gute Über-sicht der Musikveranstaltungen gibt es bei www.nitevibe.com.

BARS
Absinthe Brasserie & Bar
▸ S. 119, D 14

Edle Restaurant-Bar mit gediege-nem Ambiente. Zahlreiche Cock-tails, erlesene Weinkarte.
Hayes Valley • 398 Hayes St. • Straßen-bahn M und F: Van Ness Ave., Bus 3, 21: Hayes & Gough • Tel. 551-1590 • www.absinthe.com • Di–Mi 11.30–24, Do–Sa 11.30–2, So 11.30–22 Uhr

Beach Chalet Brewery and Restaurant
▸ S. 116, A 11

Zu Bier und verschiedenen Gerich-ten wird ein kostenloser Augen-

MERIAN-Tipp

PARTY AUF RÄDERN: MEXICAN BUS

Im bemalten Bus der Fifties geht's jeden Freitag- und Samstagabend für 45 Dollar zu drei Clubs mit Sal-sa, Rumba und anderer Latino-Musik. Schon auf dem Weg wer-den Tequilas und Margaritas sowie Grundkenntnisse im Tanzen gebo-ten. Auch für notorische Nicht-Tänzer ein tolles Erlebnis, und viel-leicht springt ja der Funke über? Besonders praktisch: Man vermei-det in der Gruppe die sonst übli-chen Warteschlangen.
Information und Reservierungen unter Tel. 546-3747 • www. mexicanbus.net • Ticket 45 $

schmaus geboten: Im Foyer zieren großflächige historische Fresken die Wände. Am Wochenende sollte man einen Tisch reservieren.
Richmond • 1000 Great Highway • Bus 18: Great Hwy. & Beach Chalet • Tel. 386-8439 • www.beachchalet. com • Mo–Fr 9–22, Sa/So 8–22 Uhr

WUSSTEN SIE, DASS...

... es in der San Francisco Bay Area über drei Dutzend Micro-Brauerei-en gibt, die Bier nach dem deut-schen Reinheitsgebot herstellen?

The View
▸ S. 115, D 8

Cocktails und ausgewählte Biere im 39. Stockwerk. Pianomusik und tol-ler Blick über die Bay.
SoMa • San Francisco Marriott Mar-quis • 55 4th St. • Straßenbahn F,

Bus 9, 21, 31: Market & 4th Sts •
www.marriott.com • tgl. ab 16 Uhr

CLUBS/LIVEMUSIK

Amnesia ▸ S. 119, D/E 16

Jazz im Stil der Vierzigerjahre, immer mittwochs musikalischer Tribut an die Legende Django Reinhardt.
Mission District • 853 Valencia St. •
Bus 14, 40: Mission & 20th Sts •
www.amnesiathebar.com • tgl. 18–2 Uhr

The Endup ▸ S. 115, D 8

Von außen etwas triste Disco mit sehr langer Öffnungszeit, wo irgendwann unweigerlich die Nachtschwärmer des Viertels zusammenkommen. Im Innenhof sprudeln künstliche Niagara-Fälle.
SoMa • 401 6th St. • Bus 14X: 6th & Harrison Sts • www.theendup.com

KINO

The Castro Theatre ▸ S. 118, C 15

Dieses Kino, dessen Leuchtreklame zum Wahrzeichen des Viertels wurde, zeigt klassische Streifen und Avantgarde-Produktionen. Jährlich im Juni findet hier das Gay & Lesbian Film Festival statt, und vor jeder Show spielt eine riesige Wurlitzer-Orgel.
Castro District • 429 Castro St. •
Straßenbahn F, K, L, M, T, Bus 24, 35: Market St. • Tel. 621-6120 •
www.thecastrotheatre.com

Roxie Theater ▸ S. 119, D 15

Ältestes, seit 1909 ununterbrochen in Betrieb befindliches Kino der Stadt, seit einiger Zeit ein nichtkommerzielles »independent arthouse« und Schauplatz verschiedener beliebter Festivals.

Mission • 3117 16th Street • Bus 22, 53: 16th & Valencia • Tel. 863-1087 •
www.roxie.com

KNEIPEN

Vesuvio Cafe ▸ S. 115, D 6

Wo Jack Kerouac und Dylan Thomas tranken und Francis Ford Coppola am Drehbuch zum »Godfather« arbeitete. Vormittags treffen sich hier die North-Beach-Intellektuellen. Von den Fensterplätzen im ersten Stock lässt sich gut das Straßenleben beobachten.
North Beach • 255 Columbus Ave. •
Bus 41: Columbus Ave. & Broadway •
www.vesuvio.com • tgl. 18–2 Uhr

KONZERTE

San Francisco Symphony

▸ S. 114, B 8

Unter der Leitung von Art Director Michael Tilson Thomas präsentiert das Orchester ein breites Programm von Kammermusik-Veranstaltungen, Gastauftritten großer Künstler und Dirigenten bis zu offenen Probeabenden und Freiluftkonzerten.
Civic Center • Davies Symphony Hall, 201 Van Ness Ave. • Bus 21: Hayes St. & Van Ness Ave. • Tel. 864-6000 •
www.sfsymphony.org • Eintritt je nach Veranstaltung 8–100 $

MUSIKLOKALE

Roccapulco Supper Club

▸ S. 119, südl. E 16

Salsa-Club mit Restaurant, das Latino-Gerichte und Tapas serviert. Laut, sehr hip, zahlreiche Live-Konzerte.
Mission • 3140 Mission St. • U-Bahn: 24th St Mission, Bus 12, 14, 27: Mission St. & Cesar Chavez • Tel. 648-6611 • www.roccapulco.com • tgl. ab 20 Uhr • Dinner bis 0.30 Uhr • Fr/Sa Eintritt 15 $

The Fillmore   ▸ S. 114, A 8

Ein Ort der Rockgeschichte: Nach einem Erdbebenschaden ist Bill Grahams legendäres Fillmore West wieder geöffnet. Hervorragende Gigs in klassischer Umgebung, nur namhafte Bands und Musiker.
Fillmore District • 1805 Geary Blvd •
Bus 38: Geary Blvd & Webster St.,
Bus 22: Fillmore St. & Geary Blvd •
Tel. 346-6000 • www.thefillmore.com

THEATER
American Conservatory Theater
   ▸ S. 114, C 7

Diese Bühne ist auf US-Theater der Gegenwart spezialisiert und spielt Klassiker wie Tennessee Williams, George S. Kaufman und Neuinszenierungen junger Autoren.
Union Square • 415 Geary St. • Bus 27: Mason & O'Farrel Sts, Cable Car: Powell St. & Geary Blvd • Tel. 749-2228 • www.act-sf.org

Herbst Theatre   ▸ S. 114, B 8

Dieser kleine Art-déco-Konzertsaal ist die Heimat des Kronos-Quartetts. Neben den schrillen Performances des Streichquartetts gibt es literarische Lesungen, Tanz und Vorträge.
Civic Center • Veteran's Building,
401 Van Ness Ave. • Bus 47, 49, 90:
Van Ness Ave. & McAllister St. •
Tel. 392-4400 • http://sfwmpac.org

Magic Theatre   ▸ S. 114, A 5

Kleines Theaterensemble, das seit 40 Jahren zeitgenössische sowie experimentelle Autoren und viele Stücke von Sam Shepard spielt.
The Marina • Fort Mason, Bldg. D •
Bus 28: Marina Blvd & Laguna St. •
Tel. 441-8822 • http://magictheatre.org

War Memorial Opera House
▸ Civic Center, S. 47

Innen kann man Fresken betrachten, außen lockt der wunderbare Blick auf den Pazifik, und dazu trinkt man das frisch gebraute Bier der Beach Chalet Brewery (▸ S. 33).

Feste und Events
Vom Frühjahr bis zum Herbst vergeht kaum ein Wochenende in San Francisco, an dem nicht irgendwo gefeiert, eine Parade veranstaltet, ein Feuerwerk entzündet oder Sport getrieben wird.

◄ Am letzten Sonntag im Juni findet der San Francisco Pride (► S. 37) auf der Market Street statt.

FEBRUAR
Chinese New Year
► MERIAN-Tipp, S. 37

APRIL
SF International Film Festival
Filmproduktionen aus aller Welt. Ab Mitte April • www.sffs.org

Cherry Blossom Festival
Das japanische Kirschblütenfest besuchen weit über 100 000 Gäste. Mitte April • www.sfcherryblossom.org

MAI
Cinco de Mayo
Feiern zum mexikanischen Unabhängigkeitstag im Mission District. 1. So im Mai • www.sfcinco demayo.com

Carnaval
Lateinamerikanischer Karneval. Memorial-Day-Wochenende • www.sfcarnaval.com

JUNI
Haight-Ashbury Street Fair
Straßenfest im Hippie-Viertel. 2. Wochende im Juni • www.haight ashburystreetfair.com

San Francisco Pride
Umzug der Lesben und Schwulen über die Market Street. Letzter So im Juni • www.sfpride.org

JUNI–AUGUST/SEPTEMBER
Stern Grove
Sonntägliche Gratiskonzerte im Golden Gate Park, von Klassik bis Rock. www.sterngrove.com

---

MERIAN-Tipp **5**

CHINESE NEW YEAR
Eine farbenfrohe laute Parade zieht durch die Stadt, ein Spektakel mit krachenden Knallkörpern und mehreren Tausend Mitwirkenden. Auch die frisch gewählte Miss Chinatown fährt auf einem dekorierten Wagen. Höhepunkt ist jedoch der 18 m lange Goldene Drachen, der sich, von mehreren Dutzend Helfern getragen, durch die Straßen schlängelt. Der wichtigste chinesische Feiertag wird zu Neumond gefeiert.
Zwischen dem 21. Januar und dem 21. Februar • www.chinese parade.com

JULI
Fourth of July Waterfront Festival
Feiern zum Unabhängigkeitstag. 4. Juli • Fisherman's Wharf

SEPTEMBER
San Francisco Blues Festival
Feinster Blues in Fort Mason Marina. www.sfblues.com

OKTOBER
Castro Street Fair
Straßenfest im Castro-Viertel. 1. So im Okt. • www.castrostreet fair.org

NOVEMBER/DEZEMBER
Great Dickens Christmas Fair
An vier Wochenenden stellen Hunderte von kostümierten Darstellern Szenen aus dem viktorianischen London nach.
November–Dezember • www.dickens fair.com

Familientipps
Spaß, aber auch Spannung, Konzentration sowie Geduld beim Experimentieren vermitteln die Museen in San Francisco. Das gefällt nicht nur Kindern, sondern auch Erwachsenen.

◀ Das Exploratorium (▶ S. 39) gilt als eines der besten Museen der USA: Mädchen beim Experimentieren.

Cartoon Art Museum ▶ S. 115, D 7

Hier stehen Geschichte, Formen und Stile von Cartoons und Comics als Kunstform im Mittelpunkt. Eigene Sammlung mit 6000 Originalen.
SoMa • 655 Mission St. • Bus 14: Mission St. & South Van Ness Ave. • www.cartoonart.org • Di–So 11–17 Uhr • Eintritt 7 $, Kinder 3 $

Exploratorium ▶ S. 113, E 2

Technik- und Wissenschaftsmuseum für Aktive: über 500 spannende und witzige Experimente, Apparate, Effekte.
The Marina • Palace of the Fine Arts, 3601 Lyon St. • Bus 28, 91: Richardson Ave. & Francisco St.• www.exploratorium.edu • Di, Do–So 10–17 Uhr • Eintritt 15 $, Kinder 10 $

Musée Méchanique ▶ S. 114, B/C 5

Sammlung origineller Automaten und mechanischer Spielgeräte.
Fisherman's Wharf • Pier 45 • Straßenbahn F: Jefferson & Taylor Sts • Tel. 346-2000 • www.museemechanique.org • Mo–Fr 10–19, Sa, So 10–20 Uhr • Eintritt frei

Museen von Fisherman's Wharf ▶ S. 114, B/C 5

Die vor allem für Kinder interessanten Museen an Fisherman's Wharf liegen Tür an Tür: das Ripley's Believe It or Not Museum zeigt in 250 Exponaten die unglaublichsten Mirakel der Welt. Im Wax Museum warten auf vier Stockwerken 270 lebensechte Figuren auf Besucher. Das Aquarium of the Bay (▶ S. 44) entführt in die Unterwasserwelt.

MERIAN-Tipp 6

CHILDREN'S CREATIVITY MUSEUM ▶ S. 115, D 8

Es werden Filme gedreht und Töne aufgenommen, Animationen entwickelt, Multimedia-Experimente gemacht und Shows von Theater bis Puppenspiel geprobt. Ein faszinierender Blick hinter die Kulissen der Medienwelt, der erklärt, wie das alles funktioniert. Außerdem gibt es in diesem Komplex ein großes Karussell, eine Eisbahn und ein Bowling Center.
SoMa • 4th St. Ecke Howard St. • Bus 8, 30, 45, 91: 4th & Howard Sts • http://creativity.org • Mi–Sa 10–16 Uhr • Eintritt 10 $

Fisherman's Wharf • Straßenbahn F: Fisherman's Wharf, Cable Car: Taylor & Bay Sts • www.fishermanswharf.org

San Francisco Zoo ▶ S. 116, südl. A 12

Im größten Tierpark Nordkaliforniens kann man in vielen speziellen Lebensräumen wie Gorilla World oder Penguin Island Tiere hautnah erleben und im Streichelzoo auch anfassen. Als besondere Attraktion können Familien auf Anfrage im Zoo auch übernachten.
Outer Sunset District • 1 Zoo Rd • Bus 18, Straßenbahn L: 46th Ave. & Wawona St. • www.sfzoo.org • Mitte März–Okt. tgl. 10–17, Nov.–Mitte März tgl. 10–16 Uhr • Eintritt 15 $, Kinder 9 $

👫 Weitere Familientipps sind durch dieses Symbol gekennzeichnet.

Die Golden Gate Bridge (▸ S. 49) über-
spannt den Zugang zur Bucht von San
Francisco und verbindet die Stadt u. a.
mit Napa und Sonoma Valley.

Unterwegs in
San Francisco

Kirchen und Tempel, Parks und Strände: In San Francisco hat sich Uramerikanisches mit verschiedenen Kulturen zu einer Wunderwelt vereint.

Sehenswertes

San Franciscos Sehenswürdigkeiten bilden ein Kaleidoskop aus Kunst, Architektur, Geschichte und Alltag, in dem auch der Kenner der Stadt noch stets etwas Neues entdecken wird.

◄ Vor über 125 Jahren erfunden, fahren die berühmten Cable Cars (► S. 44) immer noch durch San Francisco.

Wer Superlative der gängigen Art sucht, wird sie in San Francisco kaum finden – hier an der Bay gibt es wenige Museen von Weltrang, und auch architektonisch spektakuläre Bauwerke sind dünn gesät. Dennoch macht die Individualität und die ungewöhnliche Mischung seiner Attraktionen San Francisco zu einem der lohnendsten Reiseziele überhaupt. Auf vergleichsweise kleinem Raum bietet sich eine breite Palette an Museen und Galerien, Vergnügungseinrichtungen und Sehenswürdigkeiten, historischen und modernen Stätten der Kunst, Technik, Alltagskultur und Wirtschaft. Dazu gibt es Kirchen und Tempel, Parks und Strände – alles eingebettet in Stadtviertel mit eigenem Charakter. Die hier beschriebene Auswahl der klassischen wie unkonventionellen Sehenswürdigkeiten versucht, einen repräsentativen Einblick zu geben. Da sehr unterschiedliche Attraktionen oft dicht beieinander liegen, kann man sie leicht zu einem abwechslungsreichen Bummel kombinieren.

Alamo Square ► S. 118, C 14

Postkartenpanoramen, live erlebt: Das passiert den Besuchern in San Francisco des Öfteren. Einen klassischen Blick hat man am Alamo Square, wo die **Six Sisters** – perfekt restaurierte **Victorian Houses** aus dem Jahr 1894 – einen eindrucksvollen Kontrast zur Skyline im Hintergrund bilden.
Civic Center • Bus 21: Hayes & Steiner Sts

Alcatraz ► S. 115, nördl. D 5

Viele Legenden ranken sich um **The Rock**, die unwirtliche Gefängnisinsel in der San Francisco Bay. Er galt als sicherster Knast der Welt, und es gibt keinen Beweis, dass jemals ein Flüchtling lebend die Freiheit erreichte: Zu kalt ist das Wasser der Bay, zu stark die Strömung. 1963 wurde das Zuchthaus aus Kostengründen aufgegeben und steht inzwischen unter Denkmalschutz. Wo einst Machinegun Kelly, Al »Scarface« Capone und Robert »The Birdman« Stroud im seinerzeit größten Betongebäude der Welt ihre Strafen verbüßten, schieben sich heute die Touristen durch vergitterte Gänge und über den eingezäunten Hof.
Der Abstecher auf die Insel lohnt trotz des Besucherandrangs: Man kann frei auf der Insel und im ehemaligen Zellenblock herumspazieren und per Walkman den hervorragend gemachten Erläuterungen lauschen.
Fisherman's Wharf • Alcatraz Cruises, Pier 33, Alcatraz Landing • Straßenbahn F: The Embarcadero & Bay St. • www.alcatrazcruises.com • tgl. 9–15 Uhr, im Sommer auch Nachttouren • Eintritt 26 $, Kinder 16 $ • unbedingt reservieren!

Angel Island ► S. 114, nördl. C 5

Das Ellis Island der Westküste inmitten der Bay: Einwanderer aus dem Pazifikraum mussten früher hier in einer Quarantäne-Station auf die Erledigung ihrer Einreiseformalitäten warten.
Heute steht die autofreie Insel unter Denkmal- bzw. Naturschutz, und es gibt sogar ein Rotwildrudel. Ideal für Picknick, Spazierengehen und Sonnenbaden vis-à-vis der Stadt.

Ausflugsschiffe der Blue & Gold Fleet ab Pier 39 • Straßenbahn F: The Embarcadero & Stockton St. • Tel. 705-8200 • www.blueandgold fleet.com • 15 $ hin und zurück inkl. State-Park-Gebühren

Beliebtes Fotomotiv: die viktorianischen Häuser am Alamo Square (▸ S. 43).

Aquarium of the Bay 👥

▸ S. 114, C 5

Gläserne Tunnel durch ein riesiges Aquarium zeigen zum Greifen nah die Tier- und Pflanzenwelt der Bay und der kalifornischen Pazifikküste – ein faszinierendes Ozeanerlebnis im Trockenen. Langsam transportiert ein Förderband die Besucher durch die Anlage. Wer in Ruhe etwas näher betrachten möchte, kann jederzeit zur Seite treten und zu Fuß durch die Tunnel gehen. Per Discman werden Erläuterungen zu Krebsen, Haien, Rochen, Tintenfischen und anderen Meeresbewoh-

nern geliefert – toll aufbereitete Meeresbiologie! Und manchmal kann man auch einen Taucher bei der Pflege der Anlage beobachten. North Beach • Pier 39 • Straßenbahn F: Fisherman's Wharf • www.aquarium ofthebay.org • Sommer tgl. 9–20, Winter Mo–Do 10–18, Fr–So 10–19 Uhr • Eintritt 17 $, Kinder 10 $

Baker Beach

▸ S. 112, A 3

Steilküste zum Pazifik, windzerzauste Nadelbäume und ein langer Sandstrand verlocken zum Baden. Leider ist das Wasser des Pazifik »freezing cold«. Doch angeln und sonnenbaden oder einfach nur faulenzen kann man an dem stadtnahen Strand wunderbar. An seiner Nordspitze haben die meist männlichen Nackt-Sonnenbadenden ihre Enklave. Presidio • Bus 29: Bowley St. & Gibson Rd

Cable Cars 2 👥

1873 erfand Andrew Hallidie die pferdelosen Kutschen. Mit Erfolg: Um 1900 ließen acht Gesellschaften 600 der an einem unterirdischen Seil gezogenen Gefährte auf einem 170 km langen Streckennetz herumfahren. Die Technik blieb bis heute unverändert: Mit einer zangenähnlichen Vorrichtung greift der »grip man« durch den Schlitz zwischen den Schienen und packt unter dem Straßenniveau das von einer zentralen Antriebsstation mit konstanten 15 Stundenkilometern gezogene Drahtseil. Lässt er los, verlangsamt sich die Fahrt. Auf Gefällestrecken helfen drei verschiedene Bremssysteme, das urige Vehikel zum Stehen zu bringen.

Heute werden noch drei Linien mit einer Gesamtlänge von 16 km unterhalten. Von morgens um 6 bis 1 Uhr nachts sind bis zu 37 Cable Cars unterwegs: auf der **Powell & Mason Line** zwischen Market und Bay Street nahe Fisherman's Wharf, auf der eindrucksvollen und meist überfüllten **Powell & Hyde Line**, die von der Market Street über Nob Hill und Russian Hill entlang der steilen Hyde Street zum »turntable« an der Beach Street führt, und auf der **California St. Line**, die ohne spektakuläre Kurven, aber mit beträchtlichen Steigungen der California Street zwischen Embarcadero/Market Street und Van Ness Avenue folgt.

Die **Cable Car Barn**, Ecke Mason und Washington Street (www.cablecarmuseum.org), ist zentrale Betriebsstation, Garage, Werkstatt und Museum für das mobile Wahrzeichen der Stadt. Täglich von 10 bis 17 Uhr (im Sommer bis 18 Uhr) kann man hier kostenlos die riesigen Schwungräder und Spannvorrichtungen betrachten sowie kurze Filme, Cable-Car-Veteranen und Modelle der 57 verschiedenen Fahrzeugtypen anschauen.

Die einfache Fahrt kostet 5 $, und der »conductor« schafft es immer, alle Fahrgäste zu kontrollieren. Doch fast noch wichtiger als das Bezahlen ist die Umsicht beim Auf- und Absteigen – »Watch the traffic!«

The Cannery 👯   ▶ S. 114, B 5

Als der Del-Monte-Konzern diese 1906 erbaute größte Pfirsichkonservenfabrik der Welt stilllegte, gewann die Stadt ein ungewöhnliches Objekt: Im soliden Backsteinkoloss entstand auf mehreren Ebenen ein Shopping Center mit Cafés, Restaurants und Veranstaltungsbühnen.
Fisherman's Wharf • Jefferson und Beach St. • Straßenbahn F: Jones & Beach Sts, Cable Car: Hyde & Beach Sts • www.thecannery.com

Castro District
▶ S. 118/119, C/D 15/16

Die allgegenwärtige Regenbogenfahne signalisiert: Der Castro Dis-

Wegzeiten zwischen wichtigen Sehenswürdigkeiten (in Fahrminuten mit öffentlichen Verkehrsmitteln inkl. Umsteigezeiten)

	Fisherman's Wharf	Civic Center	Museum of Modern Art	Union Square	Powell Station	Coit Tower	Fort Mason	Golden Gate Park	Nob Hill	Transamerica Pyramid
Fisherman's Wharf	–	20	18	12	15	15	8	45	8	12
Civic Center	20	–	6	6	4	25	18	20	15	18
Museum of Modern Art	18	6	–	6	6	25	25	30	12	15
Union Square	12	6	6	–	3	20	25	30	8	15
Powell Station	15	4	6	3	–	20	20	28	8	12
Coit Tower	15	25	25	20	20	–	18	40	20	12
Fort Mason	8	18	25	25	20	18	–	30	15	20
Golden Gate Park	45	20	30	30	23	40	30	–	40	35
Nob Hill	8	15	12	8	8	20	15	40	–	15
Transamerica Pyramid	12	18	15	15	12	12	20	35	15	–

Einen spektakulären Ausblick auf die Seal Rocks und das Meer genießt man vom Cliff House (▸ S. 47). Bei Sonnenuntergang ist es hier besonders schön!

trict ist eine Welt für sich – hier lebt die »gay community«. San Franciscos kreative Kulturszene wäre ohne die Schwulen und Lesben undenkbar, deren langjähriges Bemühen um Anerkennung und Selbstbehauptung für alle Bewohner ein tolerantes Miteinander ermöglicht hat.

Seit den Siebzigerjahren haben sich hier immer mehr Homosexuelle angesiedelt und die heruntergekommenen **Victorians** des Stadtteils restauriert. Am unmittelbarsten spürt man den ungezwungenen Lebensstil entlang der Castro Street, deren Wahrzeichen das im Jahr 1922 erbaute **Castro Theatre** ist (▸ S. 34), ein Kino, in dem passend das jährliche **Lesbian and Gay Film Festival** stattfindet.

Männer, die in den Bars miteinander flirten, Macho-Gehabe auf der Straße, vielfältige Service-Angebote von Gays für Gays und Geschäfte mit las-

terhaften Spielzeugen im Schaufenster – das ist das lustbetonte Gesicht des Castro-Viertels. Daneben fällt die Politisierung ins Auge. Das Thema Aids begegnet dem Besucher überall. Neben dem Stolz und Selbstbewusstsein der Schwulen ist ihre Entschlossenheit im Kampf gegen die Krankheit und die Solidarität mit den Betroffenen im Alltag dieses Viertels spürbar.

Straßenbahn Linie F

Civic Center ▸ S. 114, B 8

Das Civic Center ist das politische und teilweise auch kulturelle Zentrum der Stadt – auch wenn es nicht jenen Glanz annimmt, den die Politiker hier gern sehen würden. Mittelpunkt ist die **City Hall**, das bereits fünfte Rathaus der Stadt, das zwischen 1912 und 1915 erbaut wurde. Die Architekten John Bakewell und Arthur Brown jr. nahmen sich für den 120 m langen und 92 m hohen Kuppelbau den Petersdom in Rom zum Vorbild. Nachdem das Erdbeben von 1989 den vorübergehenden Auszug des elfköpfigen Stadtrates, des Bürgermeisters und der hier untergebrachten Verwaltungsteile notwendig machte, ist der Platz grundsaniert worden.

Im restaurierten Gebäude der Public Library Ecke Larkin/Grove Sts residiert inzwischen das **Asian Art Museum** (▸ S. 61). Gegenüber vom Rathaus säumen Musentempel die Van Ness Avenue: Das **Veteran's Building** (401 Van Ness Ave.) wird u. a. für Sonderausstellungen und als Spielstätte des Herbst Theatre genutzt (Öffnungszeiten je nach Veranstaltung). Gleich südlich schließt sich das **War Memorial Opera House** an, ein Performing Arts Center mit 3525 Sitzplätzen. Am 26. Juli 1945 wurde hier die Charta der Vereinten Nationen unterzeichnet. Den Abschluss dieser kulturellen Trinität bildet die benachbarte hochmoderne **Louise M. Davies Symphony Hall** (201 Van Ness Ave.). Von den 33 Millionen Dollar Baukosten kamen bis zur Fertigstellung 1980 erstaunliche 28 Millionen Dollar aus der Hand privater Spender. Als optisches Gegenstück greift das **California State Office Building** Ecke Mac Allister Street nördlich die Formen der Symphony Hall wieder auf.

Civic Center • BART Civic Center Station

Cliff House 🎭👥 ▸ S. 116, A 10

Manche kommen wegen des Ausblicks, andere wegen des Kuchens: Traditionell befindet sich seit 1850 am westlichsten Zipfel der Stadt hoch oben auf den Klippen ein Ausflugslokal, auch wenn die Vorläufergebäude mehrfach zerstört wurden. Das heutige, äußerlich schlichte Cliff House wurde 1909 errichtet und 1950 umgebaut. Aus seinen opulenten Gasträumen bieten sich tolle Aussichten auf die Seal Rocks und den Pazifik. Die Speisekarte des eleganten Cliffhouse Restaurants und des Bistro ist auf Seafood und kalifornische Küche ausgerichtet.

Eine riesige, nach Skizzen von Leonardo da Vinci konstruierte **Camera obscura** projiziert ein 360-Grad-Panorama auf die Wände des Raumes (Eintritt 3 $).

Ocean Beach • 1096 Point Lobos Avenue • Bus 38: 48th & Point Lobos Aves • Tel. 386-3330 • Restaurant tgl. 10–21 Uhr, Camera obscura 11–19 Uhr

Coit Tower ❸ 👥 ▸ S. 115, D 6

Lillie Hitchcock Coit war eine Wohltäterin der Stadt und hinterließ ihr 1929 eine beträchtliche Summe, um das Erscheinungsbild von San Francisco zu verschönern. Mit dem Geld wurde 1933 auf dem Telegraph Hill der 64 m hohe Coit Tower errichtet. Damals war der Bau umstritten, doch heute stört sich niemand mehr an seinem Äußeren. Von der Spitze in 150 m Höhe über dem Meeresspiegel hat man den wohl schönsten Blick auf Stadt und Golden Gate. Im gratis zugänglichen, verglasten Sockel sind 16 Fresken im Stil des sozialistischen Realismus zu betrachten, die Szenen aus Kaliforniens Arbeits- und Lebenswelt zeigen und zur Entstehungszeit einen heftigen politischen Streit auslösten.

Im Pioneer Park, gleich unterhalb des Turms, würdigt man mit einer Statue von Christoph Kolumbus den Entdecker Amerikas. Südlich des

Turms führen die Filbert Steps Richtung Bay und in die Zauberwelt der **Grace Marchant Gardens** – ein idyllisches Kleinod inmitten der Metropole (▸ Spaziergänge, S. 74).
North Beach • Telegraph Hill Blvd • Bus 39: Telegraph Hill Blvd & Greenwich St. • tgl. 10–18 Uhr • Eintritt frei, Fahrstuhl zum Turm 5 $

Fisherman's Wharf 🎪 👫

▸ S. 114, B 5

Es riecht nach Meer und Fisch, Möwengeschrei liegt in der Luft – wären nicht die vielen Menschen, Geschäfte und Touristenbusse, könnte man sich an der Wharf in die Zeit zurückversetzt fühlen, als italienische Einwanderer hier an der Northern Waterfront einen florierenden Fischereihafen anlegten. Noch heute landen die Kutter ihren Fang an, der in zahlreichen offenen Ständen und Restaurants frisch zubereitet wird. Im Wasser dümpeln Jachten und Charterboote für Hochseeangler; entlang der Embarcadero Street wechseln sich acht Blocks weit T-Shirt-Läden und Souvenirshops ab. »Fisherman's Wharf has everything under the sun« – nun, dieses touristische Hauptziel San Franciscos bietet mit seinen 200 Läden und 150 Restaurants fast denselben bunten Rummel, wie man ihn auch in anderen Städten dieser Welt findet. Doch die vielen Attraktionen finden reichlich Zuspruch: Kulinarische Genüsse, Spazierfahrten mit Kutsche oder Fahrradrikscha, Straßenmusiker und Artisten, dazu der Blick auf Alcatraz und die Golden Gate Bridge haben Fisherman's Wharf einen führenden Platz unter den Touristenzielen Amerikas eingebracht (▸ Familientipps, S. 39).

Fisherman's Wharf • Straßenbahn F: Jefferson & Taylor Sts, Cable Car: Taylor & Bay Sts • www.fishermans wharf.org

Fort Mason
▸ S. 114, A 5

Einst gehörten dem Militär ein paar der schönsten Winkel San Franciscos, die heute öffentlich zugänglich sind. Als die Kasernen des Fort Mason der zivilen Nutzung übergeben wurden, konnte der Aquatic Park nach Westen verlängert werden. In die zum »Fort Mason Center for the Arts, Humanities, Recreation, Education and Ecology« (www.fort mason.org) umgewidmeten Gebäude zogen mehrere kleine Museen und Galerien, eine Kunstschule, Bibliotheken, Radiostationen, Naturschutzverbände und andere »friedliche« Nutzer ein. Restaurants, zwei Theater, mehrere Bühnen und eine große Grünanlage lassen das Fort zu einem nicht-kommerziellen Anziehungspunkt für die Northern Waterfront werden.
In einer der ehemaligen Kasernen sind heute zwei Museen untergebracht: das **Museum ItaloAmericano** (Building C, www.museoitalo americano.org, Di–So 12–16 Uhr, Eintritt frei) mit Wechselausstellungen der Werke italienischer Künstler oder Künstler italienischer Abstammung sowie das **San Francisco Children's Art Center** (Building C, www.childrensartcenter.org, wechselnde Öffnungszeiten je nach Workshop). Hier kann sich der künstlerische Nachwuchs in Workshops im Fotografieren oder einer anderen kreativen Tätigkeit üben.
The Marina • zwischen Van Ness Ave., Bay und Laguna St. • Bus 28: Marina Blvd & Laguna St.

Auf der Hitliste ganz oben bei San-Francisco-Reisenden steht Fisherman's Wharf (▶ S. 48) mit Seafoodständen, Läden und einem nostalgischen Karussell.

Ghirardelli Square   ▶ S. 114, B 5

Diese 1894 erbaute ehemalige Schokoladenfabrik ist ein Musterbeispiel dafür, wie man leer stehende Industriegebäude touristisch attraktiv nutzen kann. Da die Geschäfte und Lokale etwas teurer sind als an der Wharf, ist der Rummel hier geringer. Der Innenhof ist ein toller Ort, um die berühmte Ghirardelli-Schokolade zu probieren.

North Beach • Beach und 100 North Point St. • Cable Car: Hyde & North Point Sts • www.ghirardellisq.com

Golden Gate Bridge ⭐

▶ S. 112, B 1

Als der Architekt Richard Strauss vom Brückenbau über das Golden Gate schwärmte, hielten ihn alle für verrückt. Obwohl er schon mehrere Hundert Bauwerke realisiert hatte, prophezeite man ihm, er werde sich an 97 m Wassertiefe und den starken Strömungen die Zähne ausbeißen. Am 28. Mai 1937 wurde nach 20-jähriger Vorbereitung und viereinhalb Jahren emsiger Arbeit sein Traum doch wahr und die Golden

Gate Bridge für den Verkehr freigegeben. Mehr als eine Milliarde Fahrzeuge haben seither die 2,7 km lange Brücke überquert, die mittels 130 000 km Stahldraht an zwei 227 m hohen Pylonen 97 m über dem Wasserspiegel aufgehängt ist. Strauss' Fantasie hatte nur für drei Millionen Autos pro Jahr gereicht – inzwischen sind es mehr als 45 Millionen per annum, Tendenz steigend. Fast 300 000 Kubikmeter Beton bilden die Fundamente; das Bauwerk hält Winden bis 160 km/h und sogar Erdbeben stand.

Ein schönes Erlebnis ist ein Spaziergang oder eine Radtour über die Brücke nach Norden Richtung Sausalito – wenn auch eine windige Angelegenheit! Selbst an sonnigen Tagen muss man unbedingt eine Jacke mitnehmen, denn unterwegs bieten nur die beiden Pylonen Schutz vor den kalten pazifischen Böen. Wer den ganzen 10 km langen Weg absolvieren will, erreicht vom Nordende der Brücke aus via Bridgeway Avenue den ehemaligen Fischerort **Sausalito** und kehrt von dort am besten per Boot in die Stadt zurück (Golden Gate Ferry zum Ferry Building, Ticket 7,85 $, Blue & Gold Fleet zur Pier 41, Ticket 11 $).

Bus 28, 29 bis Toll Plaza am Südende der Brücke • Zugang für Fußgänger März–Nov. von 5–21 Uhr, Nov.–März von 5–18 Uhr nur auf dem östlichen Fußweg erlaubt, Infos für Radfahrer siehe www.goldengatebridge.org

Golden Gate Park 👫 ▸ S. 116/117, A–F 10/11; S. 118, A 14/15

Mit einer Länge von fast 5 km und einer Breite von 600 m zählt diese Anlage zu den größten städtischen Parks der Welt. Bei einem Spaziergang oder einer Fahrt durch die üppige Vegetation kann man sich nur schwer vorstellen, dass das Areal ursprünglich aus trockenen Sanddünen bestand. Doch mit gärtnerischem Geschick vollbrachte Landschaftsplaner John MacLaren ein kleines Wunder. Heute lustwandelt man unter Eukalyptus und Redwoods, genießt den Schatten von Rhododendren und Fuchsien, pflückt einen kleinen Imbiss von Kirsch-, Pflaumen- und Apfelbäumen.

Darüber hinaus ist der Park ein idealer Ort zur Freizeitgestaltung: Da die Straßen an Sonn- und Feiertagen für Autos geschlossen werden, kosten Skater und Fahrradfahrer, Skateboarder und Jogger die ungefährdeten Freiräume in vollen Zügen aus. Drachen steigen, Würste brutzeln auf dem Grill, Volleyball und Fußball, Tennis und Golf locken Sportfreunde. Kulturinteressierte besuchen das **de Young Museum** (▸ S. 63) oder die **California Academy of Sciences** (▸ MERIAN-Tipp, S. 61). Man kann auf dem **Stow Lake** rudern, im Botanischen Garten **Strybing Arboretum** 7000 verschiedene Pflanzenarten studieren, im japanischen Teegarten meditieren, die Bisonherde beobachten, sich über den Inhalt seines Picknickkorbs hermachen, und und und …

Im Frühling blühen Tausende von Tulpen rund um die holländische Windmühle ganz im Nordwesten. Im Conservatory of Flowers (▸ MERIAN-Tipp, S. 51) sind tropische Pflanzenarten zu bewundern. Im Teehaus des Japanese Tea Garden können Besucher an einer Teezeremonie teilnehmen.

Richmond und Haight Ashbury • John F. Kennedy & 36th Ave.

Grace Cathedral ▶ S. 114, C 7

Nein, dies ist nicht Paris – wenngleich die erdbebensicher aus Beton erbaute Grace Cathedral eine unbestreitbare Ähnlichkeit mit Notre Dame aufweist. Auch an diesem Gotteshaus wurde lange gearbeitet. Zwischen 1927 und 1964 entstand auf einem vom Erdbeben 1906 verwüsteten Grundstück die klassische Kathedrale nach Entwürfen von Lewis P. Hobart. Das Tor schmückt eine Replik der »Paradiestüren« von Lorenzo Ghiberti; es zeigt zehn Reliefdarstellungen mit Szenen aus dem Alten Testament. In den modernen Glasfenstern sind bedeutende Amerikaner des 20. Jh. wie Albert Einstein, Präsident »Teddy« Roosevelt, der Industrielle Henry Ford, der Astronaut John Glenn und die Feministin Jane Addams porträtiert.
Nob Hill • 100 California St. • BART: Embarcadero, Cable Car: California & Taylor Sts • www.gracecathedral.org • So–Fr 7–18, Sa 8–18 Uhr • Eintritt frei, Spende erbeten

Haas-Lilienthal House ▶ S. 114, B 7

Zuerst schaut man sich die zwischen 1880 und der Jahrhundertwende erbauten **Victorian Houses** fasziniert an, später werden sie zur vertrauten Kulisse – schließlich gibt es noch 14 000 dieser hölzernen Meisterwerke. Eines aber bleibt ein Unikat: das Haas-Lilienthal House, ein weitläufiges privates Märchenschloss, in dem sich viele Baustile verbinden. Zudem ist es die einzige private Villa, die besichtigt werden kann.
Pacific Heights • 2007 Franklin St. • Bus 10: Jackson & Franklin Sts • www.sfheritage.org • Touren Mi, Sa 12–15, So 11–16 Uhr • Eintritt 8 $, Kinder 5 $

MERIAN-Tipp 7

CONSERVATORY OF FLOWERS
▶ S. 117, F 10

Das riesige Gewächshaus im viktorianischen Stil gehört zu den bekanntesten Gebäuden des Golden Gate Park. Im Inneren gedeihen seltene Blumen und Pflanzen aus allen tropischen Regionen der Welt. Beliebt sind auch Sonderausstellungen, z. B. über fleischfressende Pflanzen.
Golden Gate Park • 100 John F. Kennedy Dr. • Bus 33: Stanyan & Oak Sts • www.conservatoryof flowers.org • Di–So 10–16.30 • Eintritt 7 $, Kinder 2 $

Haight-Ashbury
▶ S. 118, A/B 14/15

Wann und wie es genau anfing, hat wohl niemand richtig bemerkt. Tatsache ist jedoch, dass im Stadtteil Haight-Ashbury, im Mekka der Hippiebewegung, die Idee dieser Subkultur bereits 1967 rituell zu Grabe getragen wurde, weil die Kommerzialisierung zu stark wurde. Scott McKenzies Song über die Blumen im Haar popularisierte einen Mythos, der längst nur noch äußeres Abbild eines auf Frieden und Kreativität, Kollektiv und Selbstverwirklichung ausgerichteten Lebensentwurfes war.

Ein Bummel über die Haight Street zwischen Buena Vista Park und Golden Gate Park gleicht einer Zeitreise in die Sixties. Ob in Buch- oder Plattenläden und den zahllosen Klamottengeschäften, ob in Cafés und Restaurants oder ganz einfach in den Szenen auf der Straße: Der Summer of Love scheint noch nicht lange vorüber zu sein. Und man muss kein hoffnungslos sentimentaler Nostalgiker sein, um an einem Bummel durch dieses bunte Allerlei Spaß zu haben. Wer sich auf die Spuren der damaligen Stars begeben will, kann sich am Haus der Rockgruppe Grateful Dead (710 Ashbury St.) oder an der Adresse 112 Lyon Street 40 Jahre zurückträumen: Damals wohnte hier eine noch unbekannte Sängerin, die bald mit der Band Big Brother and the Holding Company von sich reden machte, aber ihrem exzessiven Lebenswandel zum Opfer fiel. Ihr Name: Janis Joplin.

Hyde Street Pier ▸ S. 114, B 5

Wo früher die Fähren ablegten, um in Richtung Sausalito das Golden Gate zu überqueren, haben heute historische Schiffe festgemacht. In dieser Open-Air-Abteilung des **Maritime National Historical Park** (▸ S. 63) können der voll getakelte Schoner »C. A. Thayer« aus dem Jahr 1895, die 1886 in Schottland auf Kiel gelegte »Balclutha« (mit der vielfach das Kap Hoorn umrundet wurde), das Frachtschiff »Alma« aus dem Jahr 1891, das Schaufelraddampfboot »Eppleton Hall«, der Hochseeschlepper »Hercules« und das 1890 erbaute Fährschiff »Eureka« besichtigt werden. Letzteres transportierte zwischen 1922 und 1941 pro Fahrt bis zu 2300 Passagiere und 120 Autos über die Bay. Manchmal sind einzelne Schiffe für längere Zeit zur Restaurierung ins Dock nach Sausalito verlegt.
Fisherman's Wharf • 2905 Hyde St. • Bus 19: Larkin & Beach Sts, Cable Car: Hyde & Beach Sts • www.nps.gov • tgl. 9.30–17 Uhr • Eintritt 5 $

Japantown
▸ S. 113, F 3/4; S. 114, A 7/8

Mehr als 12 000 aus Japan stammende Amerikaner leben in San Francisco, aber die wenigsten von ihnen wohnen in diesem auch **Nihonmachi** genannten Stadtteil nördlich des Geary Expressway. Das Viertel hat kein so exotisches Gepräge wie Chinatown, am ehesten noch in dem als Fußgängerpassage ausgewiesenen Abschnitt der Buchanan Street zwischen Sutter und Post Street oder rings um die Cottage Row.
Das Herzstück von Nihonmachi ist das 1968 erbaute **Japan Center**, ein drei Straßenzüge langer Komplex mit Geschäften, Restaurants und Büros. Hier lässt sich der Ferne Osten pur genießen – ob kulinarisch oder in Form asiatischer Erzeugnisse; Freunde bewegter Bilder können im Kabuki Cinema japanische, koreanische und andere fernöstliche Filme im Original oder in synchronisierter Version anschauen. Rings um das Japan Center beschränkt sich das asiatische Flair jedoch zumeist auf Straßenschilder in japanischer Schrift (zur 100-jährigen Geschichte von Japantown: www.sf japantown.org).
Western Addition • Bus 38: Geary Blvd & Webster St.

Kong Chow Temple ▸ S. 114, C 7

Als zum Ende des 19. Jh. immer mehr Chinesen nach San Francisco kamen, brachten sie ihre Religion mit – und zum Teil auch ihre Armut. Bis heute gibt es daher **Benevolent Associations** – auf Clans wie die Wangs, Engs oder Lees ausgerichtete Wohlfahrtseinrichtungen, bei denen jeder Chinese mit dem entsprechenden Namen Unterstützung findet und die jeweils im Dachgeschoss ihrer Gebäude einen taoistischen Tempel unterhalten. Derlei Andachtsstätten liegen traditionell auf Bergen, und in der Stadt nimmt man halt den höchsten mit baulichen Mitteln zu erreichenden Punkt als Standort für heilige Schreine. Ein Tempel liegt hoch über Chinatown im vierten Stockwerk des Kong Chow Buildings. Sein Altar wird von 17 Gottheiten geziert, darunter Kwan Ti, Gott des Friedens und des Krieges. Man hat von den Balkons einen schönen Blick auf die Stadt, sollte aber bitte nur draußen fotografieren.

Chinatown • 855 Stockton St. • Bus 30, 45, 91: Stockton & Clay Sts • tgl. 10–16 Uhr • Eintritt frei

Konko Temple ▸ S. 114, A 7

Kein japanisch-folkloristisches Remake, sondern ein modernes Gotteshaus sorgt sich um die weltanschaulichen Anliegen der Konko-Gemeinde. Freundliche Mitarbeiter beantworten gern Fragen zur Shinto-Glaubenswelt.

Western Addition • 1909 Bush St. Japantown • Bus 2, 3: Sutter & Laguna Sts • www.konkofaith.org

Lombard Street ▸ S. 114, B 6

Sie gilt als »krummste Straße der Welt«. Jeden Tag stehen oben an der Hyde Street die Besucher der Stadt mit ihren Kameras und schauen zu, wie sich die Autos die mit Ziegeln gepflasterte Serpentinenstraße zwischen gepflegten Blumenbeeten zur Leavenworth Street hinabschlängeln. Die Lombard Street ist so stark frequentiert, dass sie Mitte der Neunzigerjahre von Grund auf neu angelegt werden musste. Wie auch immer: Man befährt diese Straße einfach aus Spaß an der Freude, und

Bei einem Spaziergang durch den Stadtteil Haight-Ashbury (▸ S. 51) ist das Flair der Hippiebewegung der Sechzigerjahre immer noch zu spüren.

vielen gilt sie als die für San Francisco typische Straße schlechthin – obgleich die Vermont Street am Potrero Hill noch steiler und in noch schärferen Kurven bergab führt.
Russian Hill • Cable Car: Hyde & Lombard Sts

Mission Dolores 6 ▶ S. 119, D 15

Im Jahr 1776 besiedelten die ersten Spanier den Ort des späteren San Francisco und gründeten das befestigte Presidio und die Mission. Als ältester Steinbau der Stadt, der noch heute steht, entstand 1791 die winzige Kirche der Missionare. Sie wurde von Indianern erbaut, die die Padres zuvor christianisiert hatten. Spuren ihrer Kultur finden sich an den Deckenbalken im Innern, die mit Flechtmustern ihrer Körbe bemalt sind. Auf dem Friedhof hinter der Kirche wurden viele frühe Siedler und Prominente beigesetzt, nach denen heute Straßen benannt sind – für Indianer gab es keine Grabsteine. Die Basilika gleich neben der Missionskirche zeigt eine prachtvolle lateinamerikanische Außenfassade. Im Jahr 1957 drehte hier übrigens Alfred Hitchcock mit Kim Novak und James Stewart Schlüsselszenen seines Thrillers »Vertigo«.
Mission District • 3321 16th St. • Bus 22: 16th & Dolores Sts, BART 16th Street Station • www.missiondolores.org • tgl. 9–16 Uhr • Eintritt frei, Spende erwünscht

Murals in der Balmy Street
▶ S. 77, c 3

Im Bereich des Mission Districts gibt es mehrere Hundert farbenprächtige Wandbilder (»murals«) – eindrucksvoller Ausdruck des Lebensstils, der Kultur und der Politik der hier ansässigen Hispanics. Die Bewegung zur ästhetischen Prägung des Viertels nahm 1971/72 in der Balmy Street ihren Ausgang, einer kleinen, bis heute immer wieder neu gestalteten Gasse zwischen Gartenzäunen und Garagentoren. Um arbeitslosen Jugendlichen eine Beschäftigung zu geben und sie für ihre Umgebung zu interessieren, initiierten und leiteten Künstler dieses Projekt. Später stellte die Stadtverwaltung den Jugendlichen das Material kostenlos zur Verfügung.
Bis heute entstehen im Viertel immer wieder neue großflächige »murals«. Dass manche irgendwann überklebt, verändert oder völlig beseitigt werden, gehört zum selbstverständlichen Umgang der Bewohner mit dieser öffentlichen Kunst.
Mission District • zwischen 24th und 25th Street, parallel zu Treat Ave. und Harrison St. • Bus 12, 67: Folsom & 25th Sts, BART 24th St. Mission Station

Das **Precita Eyes Mural Arts and Visitors Center** veranstaltet Touren, gibt Informationen und bietet Kurse in Wandmalerei an.
Mission District • 2981 24th Street • www.precitaeyes.org

Nob Hill
▶ S. 114, B/C 7

Auf diesem markanten Hügel ließen die Reichsten der Reichen einst ihre Villen bauen: die Eisenbahnbarone Crocker, Stamford und Hopkins oder der Saloonbesitzer und Spekulant James Flood. Nur sein im Jahr 1886 aus Sandstein gebauter Wohnsitz »James C. Flood Mansion« überstand das Erdbeben von 1906 und beherbergt heute den **Pacific Union Club** (1000 California St.).

Der berühmteste Teil der Lombard Street (▶ S. 53) liegt auf dem Russian Hill, von wo sich die Autos in zahlreichen Kurven die Straße hinunterschlängeln müssen.

Zu den Domizilen auf dem von Robert Louis Stevenson »Hill of Palaces« genannten Nob Hill zählen heute einige der nobelsten Hotels der Stadt: Das **Fairmont** (950 Mason St.) ist – allerdings unter dem Namen **St. Gregory** – aus der Fernsehserie »Hotel« bekannt, und das **Mark Hopkins** (999 California St.) wird außer für seinen Service auch wegen der Dachbar **Top of the Mark** gerühmt. Architekturfreunde werden außer der **Grace Cathedral** (▶ S. 51) auch die weiße Marmorfront des gegenüber gelegenen **Masonic Temple Auditorium** (1111 California St., www.masonicauditorium.com) oder die im kleinen Huntington Park aufgestellte Replik der 1585 von Taddeo Landini und Giacomo Della Porta für die Piazza Mattei in Rom geschaffenen **Fontana delle Tartarughe** anschauen wollen, wobei die Schildkröten eine spätere Zugabe sind.

Cable Car: Washington & Leavenworth Sts • www.nobhillassociation.org

Palace of Fine Arts ▶ S. 113, E 2

Schöne Künste sucht man hier vergebens, und auch von einem Palast kann keine Rede sein: Als San Francisco 1915 mit der Panama-Pacific-Exhibition den Wiederaufbau nach dem Erdbeben zelebrierte, entstand unter den vielen Ausstellungsgebäuden auch ein Komplex im Stil eines römischen Palastes. 1959 wurde der Palace of Fine Arts instand gesetzt. Er beherbergt seit 1969 das **Exploratorium** (▶ Familientipps, S. 39).

The Marina • 3601 Lyon St. • Bus 26, 91: Richardson Ave. & Francisco St.

Pier 39 👪 ▶ S. 114, C 5

Der Pier 39 erscheint älter, als er ist – wurde er doch bereits aus verwittertem Holz auf dem ehemaligen Schiffsanleger errichtet. 110 Geschäfte, zehn Restaurants und mehrere spektakuläre Attraktionen locken jährlich 10,5 Millionen Besucher an. Damit gehört Pier 39 zu den zehn beliebtesten Tourismusattraktionen der USA. Neben T-Shirts, Cola und Popcorn kann man durchaus Ungewöhnliches entdecken – so etwa die sich hier ausbreitende **Seelöwenkolonie**: Hunderte dieser Tiere haben im K-Dock auf Pontons ihren Stammplatz gefunden und räkeln sich träge in der Sonne. Ranger geben Erläuterungen und schützen die Sea Lions vor Störungen.

Eine Riptide Arcade mit Dutzenden von Computerspielen, ein wunderschönes altmodisches Karussell mit Holzpferden oder der Turbo-Ride, ein Kino mit virtueller 3-D-Horrorfahrt, sorgen bei den Besuchern für Vergnügen; und die auf der zentralen Bühne agierenden Gaukler und Straßenmusiker tragen ihrerseits zur Lebendigkeit bei.

North Beach • Straßenbahn F: Fisherman's Wharf • www.pier39.com

An der ehemaligen Bootsanlegestelle Pier 39 (▶ S. 56) siedeln seit Jahren Seelöwen; inzwischen zählt man über 400 Tiere, die sich von Schaulustigen bestaunen lassen.

Presidio 🔴7   ▸ S. 112/113, A 1–E 3

Als Juan Bautista de Anza am 17. September 1776 das Presidio als erste militärische Befestigung an der Bay gründete, entzog er das riesige Areal für fast 200 Jahre der zivilen Nutzung. Seit 1974 dürfen auch Zivilisten das Gelände betreten, 1994 wurde es der Nationalpark-Verwaltung übereignet. San Francisco gewann ein unschätzbares urbanes Kleinod: Auf 600 ha Fläche mit über 500 Gebäuden gibt es elf Meilen Wander- und 14 Meilen Fahrradwege, drei Meilen Strand, Zypressen- und Redwood-Wälder, Museen, einen Golfplatz und herrliche Ausblicke auf die Stadt und das Golden Gate. Um das weitläufige Areal zu erkunden, sollte man zumindest über ein Fahrrad verfügen. Informationen und Kartenmaterial sind erhältlich im Visitor Center.

Presidio • Visitor Center: 50 Moraga Ave., beim Arguello Blvd • Bus 43: Presidio Blvd & Letterman Dr • Tel. 561-4323 • www.nps.gov/prsf und www.presidio.gov • tgl. 9–17 Uhr Presidio Army Museum: Mi–So 10–16 Uhr • Eintritt frei

Saint Mary's Cathedral 🔴8
▸ S. 114, B 8

1971 entstand auf einem ehemaligen Supermarktgelände eines der baulichen Highlights der Stadt: Mehrere Architekten und zahllose Arbeiter schufen die neue Cathedral of St. Mary of the Assumption. Die sich nach oben verjüngende, 60 m hohe Kuppel ist Kirchenschiff und Turm zugleich. Vier senkrechte Fensterreihen treffen unter dem Dach kreuzförmig aufeinander; ihre Farben Rot, Grün, Blau und Weiß symbolisieren die vier Elemente. Der Altar ist mitten im Raum platziert und an drei Seiten von Bänken umgeben. Die Orgel mit 4842 Pfeifen stammt aus der Meisterwerkstatt Ruffati in Padua. 7000 Aluminiumstäbe bilden über dem Altar ein wundervolles Mobile. Horizontal öffnen große Fenster den Blick nach draußen und heben die Grenze zwischen Kircheninnerem und -äußerem auf.

Western Adition • 1111 Gough St. • Bus 38: Geary Blvd & Gough St. • tgl. 10–18 Uhr • Eintritt frei, Spende erbeten

San Francisco-Oakland Bay Bridge   ▸ S. 115, F 7

Eigentlich ist sie ein Bauwerk der Superlative, doch steht die Brücke im Schatten ihrer berühmten Schwester: Die San Francisco–Oakland Bay Bridge wurde 1936 dem Verkehr übergeben. Sie ist mehr als doppelt so lang und verkraftet doppelt so viel Verkehr. Nur: Ihr fehlt die magische Schönheit.

Um die Massen der Autos, Lastwagen, Motorräder und sonstigen Gefährte bewältigen zu können, wurden die Fahrbahnen übereinander angeordnet: Auf dem Oberdeck fährt man mit tollem Blick auf die Stadt von Oakland nach Westen, auf dem düsteren Unterdeck geht's aus San Francisco heraus Richtung East Bay. Die Tage der Bay Bridge waren gezählt, seit 1989 beim Loma-Prieta-Erdbeben ein Segment im östlichen Brückenteil nachgab und einige Autos in die kalten Fluten stürzten. Im westlichen Teil der Brücke wurden die entstandenen Schäden ausgebessert. In ihrem östlichen Teil wird die reparierte Brücke durch eine moderne Konstruktion mit Betonpfeilern ersetzt (www.baybridgeinfo.org).

MERIAN-Tipp 8

BARBARY COAST TRAIL
▶ S. 115, D 8

Eine 3,8 Meilen lange Strecke verbindet 20 mittels in den Bürgersteig eingelassene Messingplaketten gekennzeichnete historische Stätten und führt an sechs Museen vorbei. Ausgangspunkt ist die **Old Mint** aus dem Jahr 1874, dann geht es zur ehemaligen Siedlung **Yerba Buena** am heutigen Portsmouth Square, durch **Chinatown** und via **North Beach** zu den Piers am nördlichen **Embarcadero**. Endpunkt ist das **Maritime Museum** bzw. **Ghirardelli Square**. Der Spaziergang führt durch die Geschichte der Barbary Coast, des Pony Trails, des Goldrausches und des Erdbebens von 1906. Man sollte dafür einen ganzen Tag einplanen. www.barbarycoasttrail.org

Telegraph Hill
▶ S. 114/115, C/D 5/6

Bis 1850 hieß diese markante Erhebung schlicht **Goat Hill**, »Ziegenhügel«. Schon vor über 150 Jahren signalisierte ein Ausguck hier oben mit Flaggenzeichen, welche Schiffe sich der Bay näherten. Lief das Schiff in den Hafen ein, standen die Händler schon bereit und rissen sich um die exotischen Frachten. 1850 übernahm eine Telegrafenstation diese Aufgabe des Mannes mit den Fahnen, was zur Umbenennung des Hügels führte. Seit 1933 ist der **Coit Tower** (▶ S. 47), von dem sich eine fantastische Aussicht bietet, eine Touristenattraktion, doch auch ein

Spaziergang durch die vielen Straßen dieses Gebietes vermittelt Einblicke in eines der schönsten Wohnviertel San Franciscos.
North Beach

Tien Hou Temple
▶ S. 71, b 2

Der taoistische Tempel wurde 1852 auf einem Haus am Waverly Place eingerichtet und ist der Gottheit Mazu gewidmet. Der Altar überstand das große Erdbeben von 1906 und das folgende verheerende Feuer. Besucher sind willkommen, sie müssen sich aber mittels Klingelknopf bemerkbar machen.
Chinatown • 125 Waverly Pl. • Bus 1: Clay & Stockton Sts, Cable Car: California St. & Grant Ave

Transamerica Pyramid
▶ S. 115, D 6

San Franciscos zweites, 260 m hohes Wahrzeichen erhebt sich dort, wo Columbus Avenue und Montgomery Street aufeinandertreffen, und ist erdbebensicher auf hydraulisch gefederten Fundamenten erbaut. Das Gebäude entstand zwischen 1969 und 1972, ist Hauptsitz der Transamerica Corporation (einem Banken- und Versicherungskonsortium) und bietet 1500 Menschen einen Arbeitsplatz.
Financial District • 600 Montgomery St. • Bus 41: Washington & Sansome Sts • www.thepyramidcenter.com • tgl. 10–19 Uhr • Eintritt frei

Twin Peaks
▶ S. 118, B 16

Besonders nachts hat man von der zweithöchsten Erhebung der Stadt – den knapp 280 m hohen Twin Peaks – eine überwältigende Aussicht auf San Francisco und die Bay. Wie auf dem Präsentierteller liegen unten

die Mission, der Castro District, Downtown, der Financial District und South of Market.
Twin Peaks • Straßenbahn F, dann Bus 37: Parkridge & Crestline Drives

Union Square ▸ S. 114/115, C/D 7

Dieser von Palmen und Buchsbaumhecken gesäumte zentrale Platz in Downtown San Francisco ist der Mittelpunkt eines noblen Einkaufsviertels. Teure Restaurants, das luxuriöse Westin St. Francis Hotel, Kaufhäuser wie Macy's, Saks Fifth Avenue und Neiman-Marcus, Geschäfte wie Tiffany, Gucci, Laura Ashley oder Cartier sind hier zu finden.

1902 wurde die 32 m hohe Granitsäule errichtet, auf deren Spitze eine Victory-Figur an den Sieg von Admiral Deweys Flotte im amerikanisch-spanischen Krieg von 1898 erinnert. In der Stockton Street ist in die Eingangsstufen des Hyatt Hotels ein Brunnen der Künstlerin Ruth Asawa eingelassen. 41 Reliefs zeigen Szenen aus der Stadt.
Union Square • Bus 8X, 30, 45, 91: Stockton St. & Geary Blvd, Cable Car: Powell & Post Sts

U.S.S. Pampanito ▸ S. 114, B/C 5

Die Pampanito ist ein 1943 gebautes Unterseeboot, das im Zweiten Weltkrieg fünf japanische Schiffe versenkte und heute besichtigt werden kann. Man klettert vom Achtersteven bis zum Bug durch die engen Gänge und Abteilungen des Schiffs und bekommt per Funkübertragung Erläuterungen zum Leben und Dienst an Bord.
Fisherman's Wharf/Pier 45 • www.maritime.org • Bus 39, 47: Powell & Beach Sts, Straßenbahn F:

Jefferson and Taylor Station • im Sommer tgl. ab 9 Uhr geöffnet • Eintritt 10 $, Kinder 4 $

WUSSTEN SIE, DASS…

… der Jackson Square gar kein Platz ist, dass es im Stadtteil North Beach keinen Strand und am Washington Square keine Statue von Washington gibt?

Yerba Buena Gardens
▸ S. 115, D 7/8

Wo einst Parkplätze und verödete Gewerbeflächen das Bild bestimmten, erstrecken sich heute die Yerba Buena Gardens, ein urbanes Zentrum mit einer der größten Konzentrationen an Kunst westlich des Hudson River und einem Martin Luther King Memorial. Außer im **San Francisco Museum of Modern Art** (▸ S. 64) wird sie vor allem im **Yerba Buena Center for the Arts** in Form wechselnder Ausstellungen präsentiert. Zum 9 ha großen Areal gehören neben dem unterirdischen **Moscone Convention Center** ein Theater und dazu eine Galerie mit Kunstforum. Ebenso befinden sich hier eine beliebte Parkanlage, das neue Children's Creativity Museum (▸ MERIAN-Tipp, S. 39) und der **Sony Metreon Entertainment Complex** mit Kinos, interaktiven Installationen, Läden und Restaurants.
– SoMa/Yerba Buena Gardens: 701 Mission St. • Tel. 541-0312 • www.yerbabuenagardens.com • Bus 14, 14 L, 14 X: Mission & 4th Sts, BART Powell St. • tgl. 6–22 Uhr
– Yerba Buena Center for the Arts: www.ybca.org • Di–Fr 14–20, Sa 12–20, So 12–18 Uhr • Eintritt 7 $

Museen und Galerien
Die Stadt kann sich einiger bedeutender Museen rühmen. Die Spannweite der Sammlungen reicht von amerikanischer und europäischer Kunst bis zu Werken chinesischer Künstler.

◄ Der lichtdurchflutete Bau des Contemporary Jewish Museum (▶ S. 63) stammt vom Architekten Daniel Libeskind.

Rund vier Dutzend Museen und eine Vielzahl an Galerien gibt es in San Francisco.

Mit dem Bau des **Museum of Modern Art** hatte eine neue Ära für die Musentempel der Stadt begonnen. Nachdem nun die beachtlichen Bestände dieses Hauses angemessen dargeboten werden konnten, kamen in den darauffolgenden Jahren weitere Neubauten dazu. Zusätzlich zur »Museumsinsel« im Golden Gate Park bildet der Komplex der **Yerba Buena Gardens** ein zweites kulturelles Zentrum.

Neben den Häusern von internationalem Rang – Asian Art Museum, California Palace of the Legion of Honor, SF MoMA (San Francisco Museum of Modern Art), de Young Museum – existiert eine Reihe weiterer Museen, die regionaler Geschichte und Kultur gewidmet sind. Über die offiziellen Museen hinaus gibt es verschiedene kleine, meist private Häuser mit ungewöhnlichen Objekten und Sammlungen zu historischen und kulturellen Themen. Hierzu gehören das Theatermuseum, das Feuerwehrmuseum oder eine Ausstellung zur Geschichte von North Beach.

Rabatte erhalten Kulturinteressierte mit dem City Pass (▶ S. 105). Die Go San Francisco Card (www.smartdestinations.com) bietet Ermäßigungen bei 50 Attraktionen. Es gibt sie mit 1–7 Tage Gültigkeit und sie lohnt sich, wenn man viel besichtigen will. Darüber hinaus ist am ersten Dienstag oder Mittwoch jeden Monats der Eintritt in vielen Häusern kostenlos.

MERIAN-Tipp   **9**

CALIFORNIA ACADEMY OF SCIENCES   ▶ S. 117, F 11

Das naturhistorische Museum präsentiert auf hervorragende Weise Exponate von Saurierskeletten über lebendige Reptilien bis hin zu Meteoriten. Außerdem beherbergt es das fantastische Steinhart Aquarium, das Morrison Planetarium und die Earth & Space Hall. Ein Erlebnis der besonderen Art beschert der Erdbebensimulator.

Golden Gate Park • 55 Music Concourse Dr. • Bus 44: Concourse Dr/Academy of Sciences • www.calacademy.org • Mo–Sa 9.30–17, So 11–17 Uhr • Eintritt 30 $, Kinder 20 $

MUSEEN

Asian Art Museum   ▶ S. 114, C 8

Die vom früheren IOC-Präsidenten Avery Brundage begründete Sammlung ist im Gebäude der früheren Zentralbibliothek am Civic Center untergebracht. Gezeigt werden Keramiken, Porzellan, Schnitzereien und Lackarbeiten. Rund 15 000 Exponate illustrieren den Reichtum und die Bandbreite der Kunst in Asien. Hier sind Miniaturen aus indischen Maharadscha-Palästen, chinesische Vasen der Ming-Dynastie sowie japanische Manga-Klassiker zu finden. Regelmäßige Wechselausstellungen zu asiatischen Künstlern. Civic Center • 200 Larkin St. • Bus 19: Larkin & Grove Sts • www.asianart. org • Di–Mi, Fr–So 10–17, Feb.–Sept. auch Do 10–21 Uhr • Eintritt 12 $, Kinder frei

Bay Area Discovery Museum 👫👫

▸ S. 112, nördl. B 1

Früher bewachte das **East Fort Baker** die Einfahrt zur Bay, heute beherbergt es ein besonders für Kinder geeignetes Museum zur Geschichte und Naturkunde der Bay, das die

Interessierte Besucher im San Francisco Museum of Modern Art (▸ S. 64).

Natur der Region und die Herkunft und Traditionen ihrer Bewohner kindgerecht aufgreift.
Sausalito • 557 McReynolds Road • Bus 76: Conzelman Rd/GGNRA entrance sign • www.baykidsmuseum. org • Di–Fr 9–16, Sa und So 10–17 Uhr • Eintritt 11 $

California Palace of the Legion of Honor

▸ S. 116, B 9

Prächtig liegt der Kunstpalast – eine Replik des Pariser »Palais de la Légion d'Honneur« – im Lincoln Park und bietet einen atemberaubenden Blick auf Pazifik und Golden Gate. Eigentlich wurde das neoklassische Gebäude als Ausstellungspavillon Frankreichs für die Panama-Pazifik-Ausstellung 1915 errichtet. Er erinnert an die gefallenen US-Soldaten aus Kalifornien während des Ersten Weltkriegs. Drinnen präsentiert sich eine der größten Sammlungen französischer und europäischer Kunst außerhalb der Alten Welt: 4000 Werke alter und neuer Kunst aus Europa, die mehrere Tausend Jahre umspannt, darunter eine umfassende Sammlung von Rodin-Skulpturen, ferner Werke von El Greco, Rubens, Rembrandt, Gainsborough, Monet, Degas, Matisse und Picasso.
Lincoln Park • 100 34th Ave. • Bus 18: Legion of Honor • www.famsf.org/ legion • Di–So 9.30–17.15 Uhr • Eintritt 10 $, Kinder frei

Chinese Culture Center

▸ S. 71, b/c 2

Die chinesische Kultur hat in der dritten Etage des Hilton Hotel eine Heimat gefunden. Das Kulturzentrum liegt genau gegenüber dem Portsmouth Square in Chinatown, auf dem frühmorgens Bewohner Tai-Chi-Übungen zelebrieren. Das Zentrum widmet sich der zeitgenössischen Kunst in allen Ausdrucksformen vor ihrem geschichtlichen Hintergrund und zeigt den besonderen kulturellen Beitrag der Amerikaner chinesischer Herkunft. Eine Online-Galerie (www.cccgallery.org) präsentiert vor allem Beispiele zeitgenössischer Künstler.
Chinatown • 750 Kearny St. • Bus 8X, 8 AX, 8 BX: Kearny & Clay Sts • www. c-c-c.org • Di–Sa 10–16 Uhr • Eintritt frei, Spende erbeten

Chinese Historical Society of America Museum ▸ S. 71, a 2

Im Gebäude des historischen chinesischen YMCA wurde 2001 das Museum deutlich vergrößert. Diverse Exponate, darunter eine Fülle alter Fotografien, zeigen die Geschichte der Chinesen in der Neuen Welt zur Zeit des Goldrauschs bis heute. Zum Programm gehören auch zeitgenössische chinesische Kunst und Führungen durch Chinatown.
Chinatown • 965 Clay St. • Cable Car: Powell & Clay Sts • www.chsa.org • Di–Fr 12–17 Uhr • Eintritt 5 $, Kinder frei

Contemporary Jewish Museum ▸ S. 115, D 7

Das Museum zur jüdischen Gegenwart und Geschichte ist in einem von Daniel Libeskind entworfenen Bau nahe der Yerba Buena Gardens beheimatet. Im spektakulären Gebäude eines mächtigen schrägen Metallkubus überwiegt zeitgenössische jüdische Kunst, darunter auch Tonkunst und digitale Installationen und vermittelt den Eindruck einer sehr lebendigen Kulturszene.
SoMa • 736 Mission St. • Bus 14, 14 L, 14 X: Mission & 3rd Sts, BART Powell Street • www.thecjm.org • Fr–Di 12–17, Do 13–20 Uhr • Eintritt 12 $, Kinder frei

de Young Museum 🟥9 ▸ S. 117, E 10

Schon das aufsehenerregende Museumsgebäude der Schweizer Architekten Herzog & de Meuron mit seiner kupferverkleideten Fassade ist eine Besichtigung wert. Das nach langem Umbau wiedereröffnete Museum zeigt ungewöhnliche Wechselausstellungen, wie eine Retrospektive der Mode von Vivienne Westwood, eine Fotokollektion von Autokinos, aber auch eine der besten Sammlungen amerikanischer Malerei von der Kolonialzeit bis zur Gegenwart. Von einem mehr als 40 m hohen Turm bietet sich Besuchern ein toller Panoramablick über den Golden Gate Park und die San Francisco Bay.
Golden Gate Park • 50 Hagiwara Tea Garden Drive • Bus 44: Concourse Dr/Academy of Sciences • www.famsf.org/deyoung • Di–So 9.30–17.15 Uhr • Eintritt 10 $, Kinder frei

Maritime National Historical Park ▸ S. 114, B 5

Das Art-déco-Gebäude in Gestalt eines Oceanliners beherbergt eine Sammlung zur Seefahrt an der Pazifikküste und im Bereich der Bay: Schiffstypen werden erklärt, und man kann Galionsfiguren und Kompasse bewundern. Eine lebendig aufbereitete Präsentation lässt den historischen Frachtverkehr entlang der Küste anschaulich werden. Nach umfangreichen Renovierungsarbeiten steht das Gebäude jetzt wieder in seinem ursprünglichen Stil offen. Die sechs Museumsschiffe am Hyde Street Pier (▸ S. 52) lohnen ebenfalls einen Besuch.
Fisherman's Wharf • 900 Beach St. • Bus 19: Beach & Polk Sts, Cable Car: Hyde & Beach Sts • www.nps.gov • tgl. 9.30–17/17.30 Uhr • Eintritt frei

Museum of Craft & Folk Art ▸ S. 115, D 7

Die faszinierende Ausstellung über das Kunsthandwerk verschiedener Völker zeigt kulturelle Hintergründe und Parallelen auf. Sonderausstellungen informieren beispielsweise über Tätowierkunst, über den Bau einer Ukulele, über die Tradition der Quiltherstellung in den US-Südstaaten oder über die Bedeutung von Symbolen in den USA und anderen Kulturen.

SoMa • 51 Yerba Buena Lane • Bus 14, 14 L, 14 X: Mission & 4th Sts • www.mocfa.org • Mo–Sa 11–18 Uhr • Eintritt 5 $, Kinder frei

San Francisco Art Institute
▶ S. 114, B 5

Kunstakademie, im mexikanischen Kolonialstil erbaut. Im Innenhof sind Skulpturen der Studenten ausgestellt. Sehenswert ist die **Diego Rivera Gallery** mit einem von dem Künstler gefertigten Fresko. Cinemathek mit Experimental- und Kunstfilmen. Allein wegen des Terrassen-Cafés im Stil Le Corbusiers mit Blick auf Downtown ein lohnendes Ziel.

Russian Hill • 800 Chestnut St. • Bus 30: Columbus Ave. & Chestnut St., Cable Car: Taylor & Francisco Sts • www.sfai.edu • tgl. 9–19.30 Uhr • Eintritt frei

San Francisco Museum of Modern Art 🔟
▶ S. 115, D 7

In dem vom Schweizer Architekten Mario Botta entworfenen Gebäude zeigt das Kunstmuseum auf fünf Stockwerken einen Großteil seiner Sammlungen. Vom lichtdurchfluteten offenen Treppenhaus gehen mehrere Galerien ab, deren Ausstellungsschwerpunkte US-Kunst des 20. Jh. sowie Architektur, Fotografie, Design und Media Art sind. Im SFMOMA finden Besucher Werke von Ansel Adams, Frida Kahlo, Yves Klein, Henri Matisse, Robert Rauschenberg und anderen. Die Objekte

werden in immer wieder neuen Zusammenstellungen gezeigt.

SoMa • 151 Third St. • Bus 8 AX, 8 BX, 8 X, 30, 45, 91: 3rd & Howard Sts, BART Montgomery, Powell Station • www.sfmoma.org • Fr–Di 11–17.45, Do 11–20.45 Uhr • Eintritt 18 $, Kinder frei

Wells Fargo History Museum
▶ S. 115, D 7

Zur Pflege der eigenen Geschichte unterhält die Wells Fargo Bank im Tiefparterre ein Museum. Da das Geldinstitut schon zur Zeit des **Gold Rush** Bankniederlassungen im Wilden Westen unterhielt, sind neben originalen Postkutschen auch Gerätschaften aus Goldminen und Nuggets und historische Fotos ausgestellt. Es gibt Münzen zu sehen, die der selbst ernannte Kaiser von San Francisco – Emperor Norton – in Umlauf brachte.

Financial District • 420 Montgomery St. • BART Montgomery Street Station • www.wellsfargohistory.com • Mo–Fr 9–17 Uhr • Eintritt frei

Yerba Buena Center for the Arts
▶ Yerba Buena Gardens, S. 59

GALERIEN

Meyerovich Gallery
▶ S. 115, D 7

Galerie für moderne und zeitgenössische Kunst. Hier kann man Originalwerke von Grigory Bruskin, Robert Chadwick, Marc Chagall, Keith Haring, David Hockney, Roy Lichtenstein, Henry Matisse und anderen erwerben.

Union Square • 251 Post St., 4th Floor • Bus 2, 3: Post St. & Grant Ave. • www.meyerovich.com • Mo–Fr 10.30–18.30, Sa 10.30–17.30 Uhr und nach Absprache

Der Museumsneubau der California Academy of Science (▶ MERIAN-Tipp, S. 61) wurde 2005 bis 2008 von dem italienischen Stararchitekten Renzo Piano realisiert.

San Francisco Art Exchange

▶ S. 114, C 7

Galerie für moderne Kunst, die sich auf die Pin-ups von Alberto Vargas in Originalen, Entwürfen und Drucken sowie Arbeiten des Rolling-Stones-Gitarristen Ron Wood spezialisiert hat. Hinzu kommen Fotokunst, z. B. mit Motiven der Beatles, Arbeiten von Pattie Boyd, Eric Clapton sowie Bill Wyman.
Union Square • 458 Geary St. • Bus 38: Geary Blvd & Taylor St. • www.sfae.com • Mo–Sa 10–18 Uhr

SF Camerawork

▶ S. 115, D 7

Originelle und viele Aspekte umfassende Sammlung zu den Themen Fotografie und Video, wie beispielsweise auf Blättern entwickelte Fotos und seltene Videosequenzen. Darüber hinaus werden immer wieder sehenswerte Ausstellungen zeitgenössischer Fotokünstler aus aller Welt veranstaltet.
SoMa • 657 Mission St. • Bus: 14, 14 L, 14 X Mission & 3rd Sts, BART Montgomery Street • www.sfcamerawork. org • Di–Sa 12–17 Uhr • Eintritt 5 $

Viele Winzer haben ihren Sitz im Napa Valley (▶ S. 87), wo aus den Trauben Cabernet Sauvignon, Zinfandel und Chardonnay Spitzenweine erzeugt werden.

Spaziergänge
und Ausflüge

Spaziergänge durch San Francisco führen mitunter in
eine exotische Welt, während die Umgebung mit der
Pazifikküste oder den Weinen im Napa Valley lockt.

Durch die Gassen von Chinatown – Abstecher in eine exotische Welt

CHARAKTERISTIK: Mitten in der Stadt gibt es abseits der Touristenpfade eine fremde Welt zu entdecken **DAUER:** ca. 2 Stunden **LÄNGE:** 1,8 km **EINKEHR-TIPP:** Oriental Pearl Restaurant, 760 Clay St., Tel. 433-1817, www.orientalpearlsf.com, tgl. 11–15 und 17–21.30 Uhr €€

KARTE ▶ S. 71, S. 115, D 6

Ein Aufenthalt in San Francisco ist ohne Abstecher nach Chinatown undenkbar. Startpunkt für den Spaziergang durch das exotischste Viertel der Stadt ist der **Portsmouth Square** (Bus 15, 30, 45). Wo sich heute auf dem Platz oberhalb einer Tiefgarage ein buntes Treiben abspielt, lag einst der 1835 gegründete mexikanische Handelsstützpunkt **Yerba Buena**, von dem das moderne San Francisco seinen Ausgang nahm. 1846 bestand er zwar erst aus ganzen 20 Häusern, war aber doch schon so wichtig, dass er am 9. Juli im Verlauf des mexikanisch-amerikanischen Krieges von Captain John B. Montgomery für die USA in Besitz genommen wurde.

Portsmouth Square ▶ Grant Avenue

Richtung Osten bot sich seinerzeit ein völlig anderes Bild: Die Bay reichte damals bis an die heutige Montgomery Street heran; sie wurde erst später durch Verfüllung zurückgedrängt. Unter anderem versenkte man viele der Schiffe, die beim Gold Rush von ihren Besatzungen auf dem Weg zu den Claims am American River 1849 bis 1850 aufgegeben worden waren. 1879 bis 1880 war der Schriftsteller **Robert Louis Stevenson** oft auf dem Platz anzutreffen; ein schiffgeschmücktes Denkmal erinnert an den Verfasser der »Schatzinsel«.

Eine unvermutete Geschichte hat die äußerlich schlichte **Buddhistische Kirche** (720 Washington Street) an der Nordostecke des Platzes. Das Gotteshaus ist nämlich ein ehemaliger Nachtclub, für dessen Umbau man 1951 500 Dollar veranschlagt hatte. Tausende freiwillige Helfer arbeiteten jedoch elf Jahre, ehe die Kirche eingeweiht werden konnte.

Eineinhalb Blocks entfernt können Sie tiefere Einblicke in die chinesisch-amerikanische Geschichte gewinnen: Ein kleines historisches Museum in der Clay Street 652 erläutert viele Hintergründe zu San Franciscos so exotisch wirkender Bevölkerungsgruppe. Gehen Sie diese Straße weiter bis zur Grant Avenue, so finden sich sehr alte Geschäfte, darunter einige chinesische Importeure von Schmuck und Kunsthandwerk.

Grant Avenue ▶ California Street

Auf der Grant Avenue – der touristischsten Straße Chinatowns, die auch **Sang Yee Gah** genannt wird – gehen Sie links bis zur California Street. Auf der Ecke zur Linken liegt die **Old St. Mary's Church**, zwischen 1852 und 1854 mit eigens aus China importiertem Material errichtet. Sie war Kaliforniens erste Kathedrale (Mo–Fr 7–17 Uhr, Sa 10–19, So 7.30–17 Uhr geöffnet).

St. Mary's Square ▶ Sacramento Street

Im kleinen Park **St. Mary's Square** gegenüber der Kirche erinnert ein Standbild aus dem Jahr 1938 an den großen chinesischen Politiker Sun Yat-Sen, der in San Francisco im Exil lebte und die »Chinese Free Press« herausgab. An der Westseite dieses über einer Tiefgarage angelegten Platzes findet man einige der wenigen Bäume in Chinatown.

Beim Verlassen des Parks fällt der Blick auf das **Sing Fat Building**; es ist ein herausragendes Beispiel für US-chinesischen Baustil und wurde nach dem großen Erdbeben von 1906 errichtet – auf heftige Erdstöße ausgelegt, aber mit typischem Pagodendach. Gehen Sie nun wieder durch die Grant Avenue bis zur Sacramento Street (auch **Tong Yun Gai**, »Chinesische Straße«, genannt). Im Eckhaus Nr. 800 ist das **Gold Mountain Monastery** beheimatet, ein erst 1988 gegründetes Kloster; gelegentlich sieht man hier Mönche in ihren Kutten durch die Straßen gehen.

Hügelan befindet sich an der Ecke Waverly Place die **First Chinese Baptist Church**, wo von 1880 bis 1906 die vom allgemeinen Schulbesuch ausgeschlossenen chinesischen Kinder Englisch lernen konnten. Schon 1908 war das beim Erdbeben zerstörte Gebäude neu errichtet worden – ein Zeichen für dessen soziale Wichtigkeit.

Eine ebenfalls große Rolle im Leben Chinatowns spielte das gegenüberliegende **YMCA** (855 Sacramento Street, Ende 2010 neu eröffnet). Die seit der Gründung im Jahr 1911 angebotenen Sport-, Gesundheits- und Bildungseinrichtungen werden wohl noch weiterhin gern angenommen. Lange Zeit bot sich hier eine der wenigen Gelegenheiten zum Duschen – verfügten die Wohnungen in der Umgebung doch nur über dürftige Sanitäreinrichtungen.

Überall in Chinatown: Schilder mit chinesischen Schriftzeichen.

Sacramento Street ▶ Waverly Place

Wenn Sie durch die Gasse **Waverly Place** – auch »Straße der bemalten Balkone« genannt – gehen, fallen viele sogenannte **Family Benevolent Associations** auf, Familienorganisationen, bei der jeder mit dem entsprechenden Nachnamen Unterstützung bekommen kann. Im Haus Nr. 30 residiert zum Beispiel Familie »Wang«, in Nr. 53 Familie »Eng«. Fast alle Häuser haben im obersten Stockwerk einen Tempel, aber nur der **T'ien Hou Temple** im vierten Stock des Hauses Nr. 125 ist täglich von 10.30 bis 16 Uhr zugänglich. Die

Göttin T'ien Hou, Königin des Himmels und der sieben Meere, gilt als Beschützerin der Wanderer, Reisenden, Seeleute, Schriftsteller und der »Ladies of the Evening«. Der von anderer Stelle hierher verlegte ist der älteste chinesische Tempel der USA.

Waverly Place ▸ Ross Alley
Der Waverly Place endet auf der Washington Street; ein kleines Stück bergab liegt jenseits der Grant Avenue die pittoreske **East-West Bank** (Nr. 743). Zur Mitte des letzten Jahrhunderts wurde hier die Tageszeitung »Californian Star« produziert. Bis 1949 beherbergte das Haus dann die Telefonzentrale Chinatowns. Wer dort arbeiten wollte, musste nicht nur fünf chinesische Dialekte beherrschen, sondern auch alle Nummern der Anschlussinhaber im Kopf haben, da die Anrufer stets nur nach Namen fragten. Das Haus wurde im Jahr 1909 erbaut und ist seit 1960 eine Bank.

Im Restaurant **Sam Wo** (813 Washington Street) umfängt den Gast tiefstes China. Man spaziert durch die Küche und bestellt chinesisches Hühnchen, Salat oder andere Spezialitäten.

Gehen Sie durch die **Wentworth Street** bis zur Jackson Street und bekommen Sie dabei einen Eindruck vom nüchternen, fast tristen Chinatown: Touristisch ist die Gasse uninteressant, vermittelt aber eine Vorstellung davon, wie das Viertel vor dem großen Erdbeben ausgesehen haben mag.

Der Jackson Street folgen Sie bergan bis zur **Ross Alley** – und betreten wieder tiefstes, exotisches China. Da die Chinesen bis ins späte 19. Jh. nur innerhalb eines sehr engen Areals wohnen durften, legten sie zur besseren Nutzung der Grundstücke zahlreiche Gassen und Durchgänge an. Ross Alley veranschaulicht das bunte, aber auch bedrückende Durcheinander von Behausungen, Werkstätten und Läden. Die auf chinesisch **Gau Leuie Sung Hong** genannte Gasse hieß früher Old Spanish Alley und wurde vor 100 Jahren von Latinos kontrolliert. Sie war das Mekka des Glücksspiels, der Pfandleiher und der Prostitution. Im Haus Nr. 56 kann man in der Golden Gate Fortune Cookie Factory dabei zusehen, wie flinke Hände die berühmten Glückskekse herstellen.

Ross Alley ▸ Clay Street
Überqueren Sie nun am Ende der Ross Alley die Washington Street und gehen Sie wenige Meter bergan gleich gegenüber in die **Spofford Alley**. Eine Tafel an der Ecke erläutert, dass früher hier – in einer der wichtigsten Gassen des Viertels – heftige »tong wars«, also Kriege rivalisierender Banden, ausgetragen wurden. Erst 1913 beendete ein Friedensvertrag die Gewalt.

Im Haus der **Chinese Free Masonry** (Nr. 36) lebte 1910 Sun Yat-Sen. Als die von ihm angeführte Revolution am 5. November 1911 im fernen Mutterland erfolgreich verlief, feierten auch in Chinatown viele Menschen auf der Straße.

Die noch heute aktive **Chinese Laundry Association** (Nr. 33) bemühte sich zum Ende des 19. Jh., den ruinösen Konkurrenzkampf der Wäschereien Chinatowns zu verhindern. Chinesen durften nur wenige Tätigkeiten ausüben, und die Reinigung der Kleider weißer Amerikaner gehörte dazu. Die Laundry Association konnte schließlich einen Mindestabstand von zehn Hauseingängen zwischen den Wäschereibetrieben festschreiben.

Die Spofford Alley endet auf der **Clay Street**. Hier fuhr 1873 die erste Cable Car hinunter zum Portsmouth Square – dass ein Fahrzeug diese Steigungen ohne Pferde bewältigen konnte, musste damals schon an ein Wunder grenzen. Oben auf der Stockton Street bietet Ihnen der **Kong Chow Temple** im vierten Stock des Gebäudes Nummer 855, in dem auch das Postamt untergebracht ist, erneut die Möglichkeit, Chinatown von oben zu betrachten. Gleich nebenan residiert die **Consolidated Benevolent Association**; diese Organisation war so machtvoll, dass ihr Sitz als inoffizielles Rathaus von Chinatown galt: Hier schlichtete man Streitigkeiten, bezeugte Geschäftsabschlüsse und bekämpfte diskriminierende Gesetze und Verordnungen im gesamten Nordamerika.

Man kann noch lange durch Chinatown spazieren. Die Stockton Street vermittelt Eindrücke des chinesischen Alltags in San Francisco: Kinder kommen aus der Schule, Frauen und Männer kaufen in den Läden ein. Die Andenkenläden der Grant Avenue scheinen weit entfernt zu sein, liegen aber nur eine Parallelstraße bergab. Lassen Sie sich in Chinatown mit dem Menschenstrom durch die Straßen treiben – stets bietet sich ein fernöstliches Potpourri von Anblicken, Gerüchen und Stimmen.

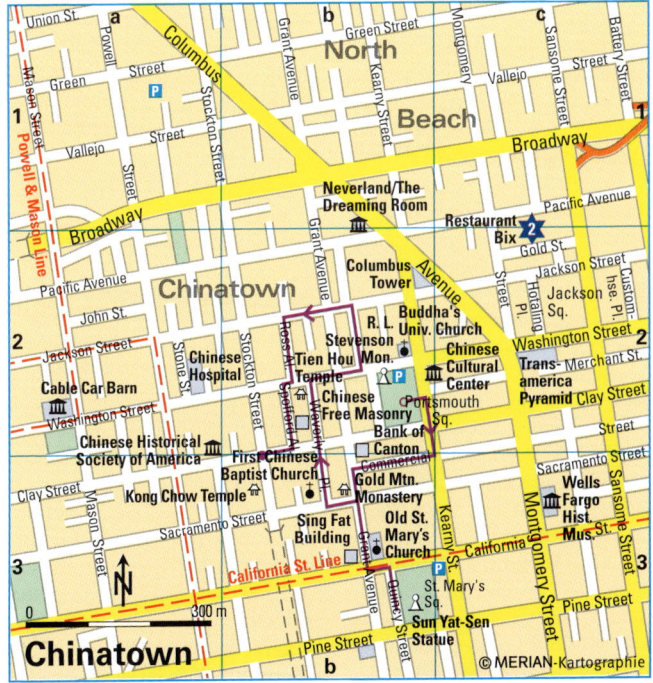

North Beach, San Franciscos »Little Italy« – Boheme, Kunst und guter Kaffee

CHARAKTERISTIK: Der Spaziergang durch North Beach ist ideal, um sich einen Nachmittag lang treiben zu lassen und südländisches Flair, mediterrane Gaumenfreuden und vielfältige Kultur zu genießen **DAUER:** ca. 3 Stunden **LÄNGE:** 4 km **EINKEHRTIPP:** Caffè Trieste (▶ S. 20), 601 Vallejo St./Grant Avenue, Tel. 392-6739, www.caffetrieste.com, So–Do 6.30–23, Fr und Sa 6.30–22 Uhr

KARTE ▶ S. 115, D 6–S. 114, B 5/6

Der Spaziergang, der an vielen Attraktionen und verlockenden Cafés vorbeiführt, kann problemlos einen halben Tag füllen.

Columbus Avenue ▶ Jackson Square

Sie starten im markantesten Gebäude San Franciscos, der **Transamerica Pyramid** am südöstlichen Ausgangspunkt der Columbus Avenue (Bus 15, 41).

Die Büropyramide erhebt sich in einem äußerst geschichtsträchtigen Umfeld. Bis 1959 lag gleich südlich in der Merchant Street der legendäre **Montgomery Block**, ein 1853 bereits erdbebensicher auf Redwood-Pfählen errichtetes Haus, in dem Persönlichkeiten wie der chinesische Exilpolitiker Sun Yat-Sen und die Schriftsteller Mark Twain, Frank Norris und Ambrose Bierce arbeiteten. Im Dampfbad im Keller des Gebäudes soll Twain einst einen Feuerwehrmann namens Tom Sawyer getroffen haben …

Nördlich der Pyramide sind die historischen Bauten noch erhalten und seit 1972 als **Jackson Square** unter Schutz gestellt. Es handelt sich hierbei um keinen Platz, sondern um das Straßengeviert zwischen Columbus Avenue, Pacific Avenue, Sansome und Washington Street. Die Gasse Hotaling Place mündet auf den Vier-

hunderter-Block der Jackson Street, wo das einzige geschlossene Ensemble historischer Gebäude in Downtown San Francisco zu finden ist.

Die Häuser stehen auf künstlichem Grund: Ursprünglich reichte die Bay bis zur Montgomery Street, aber um Platz für die prosperierende Stadt zu schaffen, schüttete man ab Mitte der Vierzigerjahre des 19. Jh. neuen Baugrund auf und warf Granitblöcke, die als Ballast für Segelschoner gedient hatten, sowie die ehemalige Uferbefestigung aus Redwood-Pfählen ins Wasser. Später versenkte man auch aufgegebene Schiffe, deren Mannschaften zu den 1848 entdeckten Goldfeldern entschwunden waren.

WUSSTEN SIE, DASS…

… die Einwohnerzahl während des Goldrausches ab 1849 innerhalb von zwölf Jahren von 26 000 auf 380 000 katapultierte?

Jackson Square ▶ Gold Street

In den Fünfzigern entdeckten Innenarchitekten und Dekorationsfirmen die heruntergekommenen Lagerhäuser am Jackson Square und richteten sie her. Einzelne Gebäude in der Jackson Street haben eine ungewöhnliche Geschichte: In Nr. 415/

431 betrieb Domingo Ghirardelli bis 1894 seine erste Schokoladenfabrik. Das Haus Nr. 441 wurde 1861 auf den Rümpfen zweier Schiffe errichtet. Beim Bau des Gebäudes Nr. 472 verwendete man 1850 bis 1852 Schiffsmasten als Stützpfeiler. Und in Nr. 451 war die Whiskeydestille von **A. P. Hotaling & Company** ansässig; fromme Gemüter konnten nicht verstehen, dass gerade dieses Haus 1906 den Erdstößen widerstanden hatte, wo doch die Kirchen der Stadt in Trümmern lagen …

Gehen Sie die Gasse Balance Street schräg gegenüber vom Hotaling Place ein paar Meter weit auf die **Gold Street**. Zur Goldrauschzeit war in Haus Nr. 56 das **Assay Office** untergebracht, in dem das Gold gewogen und angekauft wurde. In den Dreißigern hatte der mexikanische Maler Diego Rivera in dieser Straße ein Atelier.

Gold Street ▶ Columbus Avenue

Über die Gold Street erreichen Sie westlich die **Montgomery Street**. Auch hier gibt es historische Reminiszenzen: Zwischen 1852 und 1856 wurde im Haus Nr. 730/732 die »Golden Era« verlegt, San Franciscos erste literarische Zeitschrift, die Beiträge von Bret Harte und Mark Twain brachte. Im Haus Nr. 722/ 728, das der Anwaltskanzlei Belli, Belli & Belli gehört, fand am 17. Oktober 1849 das erste Freimaurertreffen Kaliforniens statt. Auch das **Canessa Building** in Haus Nr. 710 ist ein literarischer Ort: Hier existierte von den Dreißigern bis 1963 das **Black Cat Cafe**, wo sich John Steinbeck und William Saroyan trafen.

Nun spazieren Sie die **Columbus Avenue** bergauf. Der eigenwillige grüne **Columbus Tower** Ecke Kearny Street gehört dem Regisseur Francis Ford Coppola; ein kleines

Gönnen Sie sich während des Spaziergangs eine Pause und genießen Sie einen Espresso in einem der vielen kleinen Cafés entlang der Columbus Avenue.

Stück die Straße hinauf, nämlich im **Vesuvio Cafe** (255 Columbus Ave.), konnte man ihn seinerzeit am Drehbuch des »Paten« arbeiten sehen. In den Fünfzigern sprachen hier die Literaten Jack Kerouac und Dylan Thomas gern dem Alkohol zu.

Der Buchladen **City Lights Books** gleich nebenan gilt als eine Wiege der amerikanischen Gegenkultur; Inhaber Lawrence Ferlinghetti brach verkrustete Tabus, als er 1955 Allen Ginsbergs als obszön erachtetes Gedicht »Howl« verlegte. Der Laden diente 1989 in einer Szene des Dennis-Hopper-Films »Flashback« als Kulisse, und auch Captain Kirk und Mr. Spock spazierten in »Star Trek IV – Zurück in die Gegenwart« (1986) hier herum.

Columbus Avenue ▶ Vallejo Street

An der Kreuzung Columbus bzw. Grant Avenue und Broadway treffen drei Welten aufeinander: Chinatown, das Nachtviertel San Franciscos mit Sexshops und Striptease-Bars sowie das italienisch geprägte North Beach. Die Grant Avenue führt nördlich bald aus dem sündigen Treiben heraus. Viele Geschäfte und Lokale haben hier mediterranes Flair. Um 1960 lebten 40 000 Italiener in North Beach, und so verwundert es nicht, dass sich Cafés »Caffè« schreiben und man nicht lange nach Pasta, Rotwein und Espresso suchen muss. In den letzten Jahren haben zunehmend schicke Boutiquen und Secondhandläden die Lebensmittelhändler und Haushaltswarengeschäfte verdrängt. (Länge des Spaziergangs bis zur Vallejo St. 2 km, Dauer 1,5 Std. Der gerade Weg zurück über die Columbus Ave dauert ca. 30 Min., der Bus 41 benötigt für die Strecke ca. 5 Min.)

Vallejo Street ▶ Filbert Street

Zunächst jedoch verdient eines der traditionsreichsten Cafés von North Beach noch Ihren Besuch: das **Caffè Trieste**, 606 Vallejo Street. Schon in den Fünfzigern holten die Schriftsteller der Beat Generation sich hier ihre Koffein-Dosis, und nach wie vor ist das Lokal Treffpunkt für Bohemiens und einfache Menschen.

Bleiben Sie drei Querstraßen weit auf der Grant Avenue und biegen Sie dann rechts in die Filbert Street ein. Nun geht es sehr steil hinauf zum **Coit Tower** ❸ , einem der schönsten Aussichtstürme der Stadt: Der Blick aus luftiger Höhe ist die Fahrstuhlgebühr von 5 $ allemal wert. Zögern Sie nicht, einen Abstecher in die östliche Verlängerung der Filbert Street zu machen. Treppab geht es die Filbert Steps zur Montgomery Street, wo im Haus Nr. 1360 mit der eigenwilligen Art-Modern-Fassade 1947 Szenen zu dem Film »Dark Passage« mit Humphrey Bogart entstanden. Gleich unterhalb erreichen Sie die idyllische Welt der **Grace Marchant Gardens** zwischen Darrell Place und Napier Lane. Ein hölzerner Laufsteg führt durch ein Blütenmeer, und oft räkeln sich Katzen in der Sonne …

Filbert Street ▶ Washington Square

Über die Filbert Street gehen Sie in die tiefer gelegenen Gefilde zurück, begleitet von der Welt des Films: Am Washington Square erhebt sich die eindrucksvolle Fassade der 1925 erbauten **Church of Saints Peter and Paul**, vor der Marilyn Monroe und der hier aufgewachsene Baseballstar Joe DiMaggio für ihr Hochzeitsbild posierten. Frühmorgens nutzen Chinesen die Rasenfläche auf dem Platz gern für Tai-Chi-Übungen.

Einer der schönsten Aussichtstürme der Stadt: Der Coit Tower (▶ S. 47) wurde 1934 im Stil des Art déco auf dem Telegraph Hill errichtet.

Washington Square ▶ Filbert Street

An der Nordwestecke des Platzes steht ein »Standbild für die tapferen Feuerwehrmänner der Stadt«, das von Lillie Hitchcock Coit gestiftet wurde. An der gegenüberliegenden Ecke, in **Mario's Bohemian Cigar Store** (566 Columbus Ave.), trafen sich die Autoren der Beat-Generation. Das Lokal ist wegen seiner köstlichen Sandwiches eine Pause wert.

Columbus Avenue ▶ Chestnut Street

Nun spazieren Sie die Columbus Avenue in nordwestlicher Richtung entlang. Das Bohème-Leben von North Beach spiegelt sich in der großen Dichte von Cafés und Restaurants wider. Wer mag, kann sich beim skurrilen **Lyle Tuttle's Tattoo Art** (841 Columbus Ave., tgl. 12–20 Uhr) die fantasievollsten Hautverzierungen anschauen. Ungewöhnlich ist auch das Doo Wash Café (1859 Powell St.): Täglich von 8 bis 19 Uhr kann man hier Kaffee trinken, Snacks verputzen und gleichzeitig seine Wäsche waschen oder zur Reinigung geben.

Zwei Querstraßen weiter geht es ein kleines Stück steil bergan. Hinter einer grauen Mauer in der Chestnut Street befindet sich das **San Francisco Art Institute**, eine der ältesten Kunstschulen im Westen der USA. Das Institut ist in einem 1925 im mexikanischen Kolonialstil errichteten Gebäude untergebracht. Vier Galerien – drei für Malerei, eine für Fotografie – präsentieren moderne Kunst. In der **Diego-Rivera-Gallery** (links vom Eingang am Ende der Arkaden) kann man ein 1931 geschaffenes Wandbild dieses Künstlers betrachten.

Hier endet der Spaziergang. Oben auf der Hyde Street oder unten auf der Columbus Avenue fahren Cable Cars wieder stadteinwärts.

Im quirligen Mission District – Unterwegs zu den Bildern der Latinos

CHARAKTERISTIK: Der Rundgang durch den Mission District vermittelt die bunte, turbulente Atmosphäre des Viertels und erlaubt vielfältige Einblick in das Alltagsleben der Hispanics **DAUER:** ca. 2,5 Stunden **LÄNGE:** 4,2 km **EINKEHRTIPP:** Mission Creek Café, 968 Valencia St., Tel. 641-0888 **KARTE ▸ S. 77, S. 119, E 15–E 16**

Der Mission District gehört zu San Franciscos buntesten und lebhaftesten Stadtteilen. Es scheint, als läge Lateinamerika nur wenige U-Bahn-Minuten von der Innenstadt entfernt.

Mit dem Slogan »South of the Border«, »Südlich der Grenze«, warb die große Imbisskette **Taco Bell** vor Jahren für ihr mexikanisches Fast Food. Um einen Blick über jene Grenze zu werfen, muss man in San Francisco jedoch keine 800 km weit fahren: Die Tour mit der U-Bahn BART bis zur 16th Street Mission Station ist wie eine Reise mit Siebenmeilenstiefeln. Denn am oberen Ende der Rolltreppe liegt der Mission District, eine farbenprächtige und quirlige Welt, in der Lebenslust und Lebensfrust, Arbeit und Laisser-faire unmittelbarer und ungeschminkter zu spüren und zu beobachten sind als sonst in dieser Stadt. Gut zwei Stunden dauert der Spaziergang durch dieses Latino-Viertel.

16th Street ▸ Dolores Street

Auch hier ist die erste Station ein historischer Ort – und viel geschichtlicher kann es in San Francisco nicht mehr werden: Sie gehen die 16th Street Richtung Westen ein paar Blocks weit bis zur Dolores Street. Auf dem Weg schnuppern Sie bereits lateinamerikanisches Flair und den besonderen Lebensstil dieses Stadtteils. Viele spanische Ladenschilder, Cafés und Buchläden deuten an, dass hier Latinos und Alternativszene gut nebeneinander existieren können.

Der erste Eindruck Ecke 16th Street und Dolores täuscht – aber nur einen Moment lang. Der Blick fällt auf eine aufwendig verzierte Kirche mit schönen Türmen, doch das Ziel liegt direkt daneben: die kleine **Mission Dolores** 🔶 der Padres aus dem Jahr 1791. Ihre dicken, weiß getünchten Steinmauern haben noch jedes Erdbeben überstanden; es ist das älteste feste Gebäude der Stadt. Gegen eine kleine Spende können Sie durch die Räume gehen und auf dem Innenhof die Grabsteine der frühen Siedler anschauen. Die auffälligere **Mission Dolores Basilica** ist im Inneren ganz im Unterschied zur prächtigen Fassade eher trist ausgestattet.

Dolores Street ▸ 18th Street

Der Spaziergang führt Sie nun zwei Blocks weiter die Dolores Street entlang. Auf Höhe des Mission Dolores Park, in dem die Anlieger oft zusammenkommen, biegen Sie links in die 18th Street ab. Ecke Lapidge Street fällt rechts ein bunt bemaltes Gebäude auf – das **Women's Building** (3543 18th Street), in dem viele Fäden feministischer Arbeit zusammenlaufen. Der erst wenige Jahre alte Fassadenschmuck mit Bildern aus der Geschichte der Frauenbewegung stimmt gut auf die vielen noch kommenden »murals« ein.

Valencia Street ▸ 22nd Street

Halten Sie sich auf der nahen **Valencia Street** rechts und folgen Sie der Straße bis zur 22nd Street. Buch- und Trödelläden, Restaurants, Cafés und Bars finden sich hier in großer Zahl, und unschwer kann man erkennen, dass die Kultur bunt, das Sozialniveau aber niedrig ist. Die Mission ist nicht nur das pittoreske »Klein-Mexiko«, sondern eben auch ein Arbeiterviertel und ein Sammelbecken für Außenseiter aller Art. Alternativ können Sie auch entlang der Mission Street weitergehen, die in stärkerem Maße lateinamerikanisches Flair besitzt.

An der 22nd Street biegen Sie nach links ab und folgen der Straße Richtung Osten. Ein kleines Stück jenseits der Mission Street – der Lebensader und Hauptverkehrsstraße des Viertels – erhebt sich links ein Gebäude. Die frühere evangelische St. Johanniskirche wurde längst in den buddhistischen Hua Zang Si Tempel umgewandelt. Von dem früheren Zentrum deutscher Einwanderer vor rund 100 Jahren ist nichts mehr zu sehen. Der Mission District war schon immer ein Anziehungspunkt der Immigranten, wenn auch Skandinavier, Iren und Italiener, die ebenfalls zeitweise die Mehrheit der Bewohner ausmachten, das Viertel nicht so nachhaltig geprägt haben wie die Lateinamerikaner.

Ecke 22nd Street und South Van Ness Avenue hat der Zahn der Zeit schon arg an dem einst berühmten **Carlos-Santana-Mural** genagt – manch gemaltes Ladenschild sticht es inzwischen längst aus. Ganz besonderen Reiz hat aber die äußere Gestaltung der **Cesar Chavez School**, die Sie eine Querstraße weiter rechts in der Shotwell Street erreichen: Sie ist über und über mit bunten Bildern verziert, die die Buchstaben des Alphabets, Kindergesichter und fantasievoll gemalte Tiere zeigen. Unter den Hunderten Wandbildern des Viertels gehören sie zu den sehenswertesten.

Shotwell Street ▶ 24th Street
Am Ende der Shotwell Street gehen Sie links die 23rd Street hinauf, vorüber am Waschsalon **El Arroyo Laundromat** Ecke Harrison Street mit einem großen Wandbild von Ernesto Coyote Paul aus dem Jahr 2007. Die Wohnstraßen, durch die Sie gehen, sind fast ausschließlich von alten viktorianischen Holzhäusern gesäumt. In der Mission sind diese Häuser in großer Dichte und Zahl erhalten, aber bislang noch kein Objekt für Immobilienspekulationen und aufwendige Restaurierungen geworden. Trotz der vielerorts abblätternden Farbe kann man bei näherem Hinschauen oft wunderschöne Verzierungen oder sonstige liebevolle Gestaltungsmerkmale entdecken.
Durch die Alabama oder die Florida Street erreichen Sie Richtung Süden dann die **24th Street**. Sie hat von allen Straßen des Viertels den ausgeprägtesten Barrio-Charakter. Den ganzen Tag über sieht man Jugendliche, die keine sinnvolle Beschäftigung haben und einfach nur die Zeit

totschlagen. In den Schaufenstern liegt Plastikramsch und Latinokitsch, etwa als Bräute oder Caballeros gestylte Puppen. Aus den Bars und Plattenläden dringt Salsa-Musik; die Lebensmittelgeschäfte sind mit Tischen voller Obst und Früchte zugestellt. Kleine Imbissstuben bieten Tortillas, Fajitas und Enchiladas – und verströmen dabei verführerische Düfte. Schließt man die Augen und lauscht den spanischen Stimmen, wähnt man sich im Süden. Doch auch mit geöffneten Augen sieht es hier nicht unbedingt nach den Vereinigten Staaten aus.
Gehen Sie ein kleines Stück links. Zwischen Bryant und York Street liegt ein kleiner Park: nur ein Hausgrundstück groß, aber von üppig bemalten Wänden umgeben. Diese Bilder entstanden zwischen 1973 und 1984. Da es auf der 24th Street zahlreiche Bäckereien mit einem unglaublich leckeren Kuchenangebot gibt, bietet sich hier die ideale Gelegenheit für eine kleine Picknickpause. In vielen Lebensmittelgeschäften bekommt man auch frisch zubereitete Sandwiches und Getränke bzw. »coffee to go«.
Man kann die 24th Street wie ein Bilderbuch betrachten. Die vielen Wandmalereien spiegeln Kultur und Politik aus Sicht der lateinamerikanischen Immigranten. Die »Entdeckung« Amerikas durch Kolumbus, die Arbeitsbedingungen auf dem Land, der Protest gegen diktatorische Militärregimes und Ansätze zu einer politischen Selbstbestimmung sind an Kirchen, Brandmauern oder auf Plakatwänden künstlerisch umgesetzt. In der **Galeria de la Raza** (2857 24th Street, Mi–So 12–18, Di 13–19 Uhr) können Sie

sich eingehender mit den Hintergründen und Traditionen dieser politischen Open-Air-Kunst auseinandersetzen.

24th Street ▶ Balmy Street

Höhepunkt des Kulturbummels durch die Mission ist jedoch die schmale Gasse **Balmy Street**, die zwischen Harrison Street und Treat Avenue nach links abzweigt und gerade mal einen Block lang ist. Die eigentlich sehr schäbigen Zäune und Garagentore zu beiden Seiten sind fast vollständig mit »murals« bedeckt – von hier nahm diese ungewöhnliche politisch-künstlerische Bewegung ihren Ausgang. Um Geld für ein Jugendzentrum zu sammeln, gestalteten 1972 die Künstler Susan Cervantes und Carlos Loarca zusammen mit den Kids eine triste Bretterwand farbenprächtig mit einer Unterwasser-Szene aus. Gern bezahlte der Besitzer diese Arbeit,

und das Beispiel machte Schule: Bald gab es in der Gasse keine unbemalte Fläche mehr; bis heute gilt die Balmy Street als begehbares Bilderbuch für das Lebensgefühl junger Chicanos.

Balmy Street ▶ 24th Street

In jeder anderen amerikanischen Großstadt wäre ein Viertel wie die Mission »gang land«, gefährliches Territorium mit strikt aufgeteilten Revieren und brutal umkämpften Grenzen. Überall sonst würden vernarbte Stichwunden oder langjährige Haftstrafen als Beweis von Mut und Männlichkeit gelten. Nicht so in der Mission Street. Hier und vor allem rings um die 24th Street sehen die Bilder anders aus: statt »tags« oder »placas«, den Gebietsmarkierungen für Eingeweihte, prangen hier großformatige »murals« an den Häusern. In Zusammenarbeit mit Künstlern entstanden auch außerhalb der Balmy Street vielerlei Pro-

Eine farbenprächtige Welt eröffnet sich dem Besucher bei einem Spaziergang durch den Mission District, einem von Lateinamerikanern geprägten Stadtviertel.

jekte, und wer bei deren Ausführung weithin sichtbar auf dem Gerüst arbeitete, galt als cool, stach aus der Menge hervor, machte seinen Revieranspruch kreativ geltend.

Natürlich glaubt niemand, soziale Konflikte allein mit Pinsel und Farbe lösen zu können. Doch wer zusammen malt und dabei die Gemeinsamkeiten in Kultur und Mentalität erkennt, sticht vielleicht nicht so schnell aufeinander ein. Die Polizeiberichte des Mission District können das bestätigen – die Quote der Jugendkriminalität ist hier niedriger als in anderen vergleichbaren Stadtteilen.

24th Street ▶ Mission Street

Nach diesem anschaulichen Exkurs in die Identifikationsfindung junger US-Chicanos bummeln Sie guten Mutes die 24th Street weiter Richtung Westen. Auf Höhe der Mission Street öffnet sich wieder eine größere und teils rauere Welt. Ein unablässiger Menschenstrom zieht auf den Gehwegen vorbei; PS-starke Autos fahren mit laut aufgedrehter Stereoanlage vorüber. Die Geschäfte wetteifern mit den niedrigsten Gebühren für Kuriersendungen nach Guatemala, Honduras, Chile. Schilder mit Aufschriften wie »Zapateria« und »Joyeria«, »Salon de Belleza« oder »Elegancia Infantil« bestimmen das Bild, und in letzter Zeit eröffnen hier auch zunehmend Yuppie-Bars und schicke Restaurants.

Lassen Sie sich noch eine Weile treiben und genießen Sie das hispanische Flair, die vielen Palmen und die Sonne (die in diesem Viertel öfter scheint als in anderen Teilen der Stadt), ehe die U-Bahn Sie wieder nach Downtown San Francisco zurückbringt – wo sonst wäre eine Reise nach Lateinamerika so einfach und so anregend wie hier?

Das »Women's Building« (▶ S. 76) in der 18th Street gehört zu den bekanntesten Gebäuden im Mission District, die mit lateinamerikanischen Murals verziert sind.

AUSFLÜGE IN DIE UMGEBUNG

Oakland und Berkeley

CHARAKTERISTIK: Der Trip führt ins geschäftige Oakland, der Hafenstadt an der Ostseite der Bay, und auf den Campus der weltberühmten Berkeley-Universität **ANFAHRT:** Blue & Gold Ferries, Ferry Building/Market St., Tel. 705-8200, www.blueandgoldfleet.com, Dauer 35 Min., Kosten 7,50 $, Kinder 4,75 $ **DAUER:** Tagesausflug **LÄNGE:** 25 km **EINKEHRTIPP:** Café Fanny, 1603 San Pablo Ave., Berkeley, Tel. 510/524-5447, www.cafefanny.com **AUSKUNFT:** Berkeley Convention and Visitors Bureau, 1834 University Ave., Tel. 510/549-7040, http://visit berkeley.com • Oakland Convention & Visitors Authority, 550 Tenth St., Tel. 510/ 839-9000, www.oaklandcvb.com
KARTE ▶ S. 83

Wie es unzählige Pendler bis zum Bau der Brücke nach Oakland taten, fahren Sie per Boot hinüber zur East Bay und statten San Franciscos Nachbarstädten einen Besuch ab.

San Francisco ▶ Oakland

Während die Skyline von San Francisco langsam zurückweicht, stellen Sie sich ein wenig auf das erste Ziel des Tages ein. Im Gegensatz zum Tourismusmagneten San Francisco und Berkeley, das Wissenschaftsgeschichte schreibt, schlittert **Oakland** (399 000 Einwohner) von einer Krise in die andere: erster Boom mit der Ankunft der Eisenbahn, erster Niedergang mit dem Ende der Eisenbahn; nächster Boom mit dem Bau des Containerhafens, nächster Niedergang mit der Abwanderung des Frachtgeschäfts nach Süden. Die Fabriken der Stadt haben gegenüber der asiatischen Konkurrenz einen schweren Stand. Das Erdbeben 1989 und schwere Brände 1992 waren weitere Schicksalsschläge. In den letzten Jahren hat sich Oakland wegen seiner guten Verkehrsverbindungen und der großen Hafenumschlagsanlagen wirtschaftlich erholt. Angekommen in Oakland, verlassen

Sie das Boot an der **Jack London Waterfront** und schauen sich ein wenig in diesem Quartier um. Der bekannte Schriftsteller, der viele Jahre seines Lebens in Oakland ver-

MERIAN-Tipp 10

THE FOX THEATER

Der 1929 eingeweihte und opulent ausgestattete Kinopalast mit 2900 Sitzen wurde schnell beliebtester Treffpunkt im Zentrum von Oakland, musste aber in den 1960er-Jahren schließen. Seit Kurzem können Besucher wieder die prunkvolle, einem indischen Tempel nachempfundene Ausstattung mit Terrakotta-Böden und farbenfrohen Gemälden genießen. Filme werden gezeigt, Pop-Künstler geben Konzerte, und die kostenfreie Oakland School of Arts hat hier eine Heimat gefunden. Abends geht es ins exzellente Restaurant »The Den«.
1807 Telegraph Ave, Oakland • Tel. 1-800/745-3000 • www.thefoxoakland.com

brachte und auf den man hier sehr stolz ist, besuchte gern **Heinold's First & Last Chance Saloon**. Gleich nebenan wurde seine originale Trapperhütte aus Alaska aufgebaut. Am Nordende in Höhe der Clay Street liegt die Präsidentenjacht von F. D. Roosevelt, **USS Potomac**, zur Besichtigung vertäut (Touren zu unterschiedlichen Zeiten, Tel. 510-6 27 12 15).

Jack London Square ▶ Broadway

Um einen Eindruck von der Stadt zu bekommen, spazieren Sie nun den **Broadway** hinauf. (Wer wenig Zeit hat, kann auch bis zur BART-Station Oakland City Center den Broadway Shuttle nehmen.) Die hiesige **Chinatown** zwischen 7th und 11th Street ist kleiner und weniger pittoresk als die in San Francisco. Downtown Oakland ist der Bereich um das **City Center**; hier erheben sich moderne Bürotürme, ein Kongresszentrum und eine Shopping-Mall. Das neue Viertel bildet einen interessanten Kontrast zu benachbarten Art-déco-Gebäuden aus den Zwanzigern und dem **Tribune Tower** auf Höhe der 13th Street, dem Stammhaus von Oaklands traditionsreicher Tageszeitung.

WUSSTEN SIE, DASS...

... der Schriftsteller Jack London sich einst erfolglos für das Amt des Bürgermeisters von Oakland bewarb – als Kandidat der Sozialistischen Partei von Amerika?

Nach diesen Eindrücken geht es eine Weile unterirdisch weiter. Mit dem BART fahren Sie ab 12th Street Station Richtung Fremont eine Station bis Lake Merritt. Nur ein paar Schritte von der Station entfernt liegt das ausgezeichnete **Oakland Museum of California** (1000 Oak Street, Mi–So 11–17, zweiter Fr im Monat bis 21 Uhr, Eintritt 12 $, ermäßigt 9 $), in dem die Natur, Geschichte und Kultur dieses Staates dargestellt werden. Exponate und plastisch dargestellte Szenarien reichen von der Zeit vor Ankunft der Spanier bis heute. Nach dem Museumsbesuch nehmen Sie wieder die U-Bahn, nun aber steigen Sie in die Linie nach Richmond.

Oakland ▶ Berkeley

Berkeley mit seinen 112 500 Einwohnern gilt als Schmiede für Nobelpreise; die Leistungen der **University of California** genießen Weltruf. Von der BART-Station gehen Sie die Center Street östlich zum Unigelände, das landschaftlich schön entlang des **Strawberry Creek** angelegt ist (bei der Student's Union gibt es Pläne des Areals). Vom 60 m hohen »Campanile« genannten **Sather Tower** (täglich ca. 10–16 Uhr geöffnet, Eintritt 2 $) genießt man einen tollen Blick auf die Stadt und das Bay-Gebiet. Am nahen **Sather Gate** begann 1964 das **Free Speech Movement** als Vorbote der linken Studentenrebellion.

Durch das schmiedeeiserne Tor gehen Sie zur **Telegraph Avenue**. Hier scheinen die Sixties noch anzudauern: Lassen Sie sich mit Muße diese Straße entlangtreiben. Eine so interessante Mischung aus Straßenständen, Buch- und Plattengeschäften (die bis spätabends geöffnet haben), Secondhandläden, hervorragenden Cafés und Bistros sowie sehr preisgünstigen kleinen Restaurants gibt es außerhalb der Bay Area nicht ein zweites Mal.

Ecke Haste Street erinnert ein groß-flächiges Wandbild an die 1969 begonnene Besetzung des ein paar Schritte weiter östlich gelegenen **People's Park**, mit der viele Jahre lang ein Bauprojekt verhindert wurde – trotz des Einsatzes der Nationalgarde unter Gouverneur Ronald Reagan. Inzwischen verläuft die politische Entscheidungsfindung in Berkeley, der Wiege des Protestes, längst auf friedlichere Weise. Und auch die Universität, die bislang 20 Nobelpreisträger hervorgebracht hat, ist inzwischen weniger aufgrund ihrer politischen Proteste als wegen ihrer wissenschaftlichen Leistungen bekannt.

Von San Francisco in den Norden

CHARAKTERISTIK: Dass im nördlichen Küstengebiet San Franciscos die Natur das Sagen hat, spürt man, wenn man die turmhohen Redwood-Bäume und die windzerzausten Klippenküsten sieht und einen Blick auf die San-Andreas-Spalte wirft **ANFAHRT:** mit dem Auto über die Golden Gate Bridge nach Norden **DAUER:** Tagesausflug **LÄNGE:** ca. 160 Meilen **EINKEHRTIPP:** Sand Dollar Restaurant, 3458 Shoreline, Stinson Beach, Tel. 414/868-0434, www.stinsonbeachrestaurant.com **AUSKUNFT:** Sonoma Coast Visitor Center, 850 Coast Highway 1, Tel. 707/875-3422, www.bodegabay.com • Bear Valley Visitor Center, Mo–Fr 9–17, Sa–So ab 8 Uhr, www.nps.gov/pore

KARTE ▶ S. 83

Erst wenn man sich aus dem Stadtgebiet von San Francisco herausbegibt, stellt man fest, wie wunderschön die Lage der Stadt am Pazifik eigentlich ist. Nur wenig bekannt ist die Tatsache, dass auch die nördliche Küste außergewöhnliche Reize aufzuweisen hat. Für diesen Ausflug, den man nur mit dem Auto unternehmen kann, sollten Sie einen Wochentag wählen und möglichst früh aufbrechen, denn auf den Straßen, die befahren werden, kommt man nicht sehr schnell voran – auch weil so viele schöne Stellen zu einem Stopp verleiten …

San Francisco ▶ Stinson Beach

Gleich hinter der Golden Gate Bridge beginnt die pure Natur: Sie verlassen den Highway US-101 an der Ausfahrt nach **Mill Valley**, nehmen hier den Highway 1 und folgen der Beschilderung Richtung Point Reyes. Unmittelbar hinter dem Ort windet sich die schmale Straße zwischen Eukalyptusbäumen und vereinzelten Redwoods durch die Hügel der Marin Headlands, führt bald aber mit steilem Gefälle und in scharfen Kurven hinüber zum Pazifik. Bereits kurz vor Muir Beach verlockt ein erster »overlook« mit Parkplatz dazu, die Kamera zu zücken

und die schroffen Klippen und Felsvorsprünge zu fotografieren. Doch wird es noch viele ähnliche Gelegenheiten geben.

Der erste richtige Ort am Weg ist **Stinson Beach**, ein Mekka für Surfer, Sonnenanbeter und Strandspaziergänger. Zum Schwimmen ist leider selbst an Hochsommertagen das Wasser meist zu kalt, doch können Sie weit am Ufer entlanglaufen und eines der vielen Cafés im Ort besuchen. Der Highway 1 führt dann im großen Bogen um die **Bolinas Lagoon** herum. An deren Nordende zweigt zwar eine kleine Straße zum gleichnamigen Ort ab, der sich ein ursprüngliches Äußeres erhalten hat und malerisch zwischen Binnengewässer und Ozean liegt – die Hinweisschilder an der Hauptstraße jedoch werden immer wieder abmontiert: Man möchte seine Ruhe, und gar zu viele Touristen könnten dabei etwas stören …

Stinson Beach ▶ Point Reyes Station

Mehrere Meilen weit ist der Highway 1 nun eine kurvenreiche Landstraße. Auf den Weiden sind Rinder und Pferde zu sehen; vereinzelt liegt eine Farm zwischen den sanft geschwungenen Hügeln. Mehrfach gibt es kleine Parkplätze rechts und links der Strecke, von denen aus beschilderte Wandertrails ihren Anfang nehmen.

Nach kurzer Fahrt erreichen Sie **Olema**. Nie gehört? Aber was sich dort kurz nach dem vorletzten Jahrhundertbeginn ereignet hat, wissen Sie genau: Hier lag das Epizentrum des Erdbebens vom April 1906, das San Francisco so schwer zerstörte. Auch in der unmittelbaren Nachbarschaft hinterließ die Katastrophe Spuren: Gleich nördlich von **Point Reyes Station** taucht linker Hand Wasser auf: die sich lagunenartig erweiternde Tomales Bay. Die **San-Andreas-Spalte** – eine der geologisch aktivsten Zonen der Welt – verläuft genau hier. Die benachbarte Halbinsel Point Reyes machte seinerzeit im Jahre 1906 einen Sprung von 12 m nach Norden!

Bevor Sie weiterfahren, lohnt ein Abstecher ins Bear Valley Visitors Center des **Point Reyes National Seashore**, einem wundervollen Naturschutzgebiet mit amphibischem Charakter (ab Point Reyes Station ausgeschildert, tgl. 9–17 Uhr). Anschaulich werden hier Erd- und Naturgeschichte dieses einzigartigen Weltwinkels mit seinen vielfältigen Landschaftsformen – von steilen Felsklippen, an denen sich die Wellen des Pazifik brechen, bis zu bewaldeten Höhenzügen, in denen sich Hirsche zu Hause fühlen – beschrieben, der in großen Teilen für Autos nicht zugänglich, jedoch durch viele Wanderwege erschlossen ist. Gleich hinter dem Informationszentrum erläutert Ihnen ein kurzer **Earthquake Trail** die geologischen Besonderheiten dieser Gegend.

Hier findet man Gelegenheit zur Beobachtung von Seehunden und – bei passender Jahreszeit – vorbeiziehender Grauwale. Auch andere Tiere

Zahlreiche Wanderwege durchziehen das einzigartige Naturschutzgebiet des Point Reyes National Seashore mit seinen vielfältigen Landschaftsformen.

spielten hier schon eine große Rolle: Hitchcocks Vögel nämlich. Der Altmeister des Gruselfilms drehte den Schocker »Die Vögel« 1963 im nahen Ort **Bodega Bay**; weitere Aufnahmen entstanden landeinwärts in Bodega. Erkennen Sie die kurvenreiche und hügelige Straße wieder?

Bodega Bay, Hauptort der Handlung von Alfred Hitchcocks »Die Vögel«.

Hier fuhr Melanie Daniels alias Tippi Hedren in ihrem Cabriolet an die Küste zu ihrem neuen Freund Mitch Brenner. Die beiden Vögel im Käfig auf dem Beifahrersitz legten sich so herrlich in die Kurve …

Point Reyes Station ▶ Bodega Bay

Bodega Bay ist heute ein touristisch gut erschlossener Fischerort, der trotz Seafood-Restaurants und kleinen Boutiquen noch ursprüngliches Flair besitzt. Am Nordausgang des Orts führt eine Stichstraße hinunter zum Hafen, wo die Kutter ihre Fänge anlanden und Charterboote zum Hochseeangeln hinausfahren. Im Wasser tummeln sich zuweilen Seehunde. Im Westen kann man die lang gestreckte Halbinsel sehen, wo Hitchcocks Filmkreaturen ihre gruseligen Angriffe auf das einsame Landhaus flogen. Cineasten werden schon vorher einen kleinen Umweg nach Bodega gemacht haben, wo die Szenen vor dem Schulhaus und der Kirche entstanden sind.

Vielleicht halten Sie noch einmal an den Stränden des **Sonoma Coast State Beach**, gleich nördlich des Orts, fahren dann aber bis zum Städtchen Jenner die Küste aufwärts. Die kleinen Ansiedlungen nördlich von San Francisco haben sich längst auf Touristen eingestellt, und man kann eine Vielzahl ungewöhnlicher Galerien und hervorragende Restaurants entdecken.

Bodega Bay ▶ Russian River

Unmittelbar vor **Jenner** (300 Einwohner) biegen Sie Richtung Santa Rosa landeinwärts ab. Der Highway 116 folgt ganz dicht dem **Russian River**, führt durch eindrucksvolle Redwood-Haine und weltvergessene Siedlungen am Straßenrand. Ab Guerneville können Sie über Forestville und Sebastopol – ein netter kleiner Ort für einen letzten Bummel – oder über Healdsburg zum US-101 Richtung San Francisco zurückkehren. In diesem Gebiet gibt es auch mehrere »wineries«. So könnte eine Weinprobe ein schöner Abschluss für diesen vielfältigen Ausflug sein, etwa bei der Winzerei Korbel, 13250 River Road, Guerneville, mit Rosengarten und Gelegenheit zum Probieren von Wein, Sekt, ausgewählten Fassbieren und Delikatessen, tgl. 10 bis 17 Uhr geöffnet.

Napa und Sonoma Valley

CHARAKTERISTIK: In dem Weinanbaugebiet nordöstlich von San Francisco werden Spitzenweine erzeugt. Eine Fahrt durch die rebenbedeckten Hügel ist auch ein landschaftliches Erlebnis **ANFAHRT:** mit dem Auto über die Golden Gate Bridge nach Norden; Sonoma und Napa werden auch ab Transbay Terminal San Francisco von Greyhound-Bussen angefahren **DAUER:** Tagesausflug **LÄNGE:** ca. 170 Meilen **EINKEHRTIPP:** Greystone Restaurant, 2555 Main St., St. Helena, Tel. 707/967-1010, www.ciachef.edu/restaurants/wsgr €€€€ **AUSKUNFT:** Napa Valley Welcome Center, Napa, 600 Main Street, Tel. 707/251-5895, www.legendarynapa  valley.com, Di–Do 9–17, Fr–Mo 9–18 Uhr • Calistoga Chamber of Commerce, Calistoga, 1133 Washington St., Tel. 707/942-6333

KARTE ▶ S. 83

Der Ausflug wird am besten per Auto unternommen und lohnt sich vor allem, wenn San Francisco im Nebel versinkt – in den Tälern Napa und Sonoma Valley scheint im Sommer mit ziemlicher Sicherheit die Sonne.

San Francisco ▶ Napa

Diese Tour beginnt mit einem der schönsten Anblicke der amerikanischen Westküste. Entlang der Van Ness Avenue und der Lombard Street befahren Sie den US-101 Richtung Norden und erreichen die **Golden Gate Bridge** ⭐ . Auch wenn an deren Südende eine Zahlstelle aufgebaut ist, braucht man beim Verlassen der Stadt keine Gebühr zu entrichten. Meist herrscht reger Verkehr, und so lohnt es sich, gleich am Nordende zum **Vista Point** rechts abzufahren und noch einmal in Ruhe den Blick auf das majestätische Bauwerk und die Hügel San Franciscos zu genießen.

Sie bleiben noch eine ganze Weile auf dem US-101, verlassen ihn erst nach gut 20 Meilen und biegen auf den Highway 37 Richtung Vallejo ab. Noch ein weiteres Mal wechselt die Fahrtrichtung: An einer Ampelkreuzung nehmen Sie den Highway 121 nach Norden.

Die nächste Station ist schon **Napa**, doch stellt der Ort mit seinen 60 000 Einwohnern wenig mehr dar als eine recht ausgedehnte Schlafstadt für Menschen, die täglich zur Arbeit nach San Francisco oder Vallejo pendeln, in dem es kaum Attraktionen gibt. Aber hier beginnt das eigentliche Weintal: Wie an einer Perlenkette aufgereiht zieht sich »winery« um »winery« entlang des Highway 29 nach Norden, die alle zu Besichtigung und Weinprobe einladen. Große Namen finden sich allerorten: »Clos Du Val«, »Sutter Home«, »Charles Krug«, »Beringer«, »Mondavi« und viele andere. Verständlich, dass an Wochenenden hier viel Ausflugsverkehr herrscht. Wer sich nicht mit Wegweisern und Parkplätzen abgeben will, kann in den **Napa Valley Wine Train** umsteigen, der das Tal entlangbummelt, hier und da stoppt, schon an Bord gute Tropfen kredenzt und dazu ausgezeichnetes Essen serviert (täglich 3-stündige Lunch- und Dinner-Touren ab Downtown Napa, Tickets ab 129 $, dazu Gourmet-Dining für 109 $, Reservierung unter Tel. 707/253-2111 oder http://wine train.com nötig).

Napa ▶ Calistoga

Richtung Norden liegen mehrere kleine Orte an der Strecke, von denen nur **St. Helena** einen kurzen Bummel entlang der Main Street lohnt. Richtig interessant und vielseitig ist dafür **Calistoga**. Das Städtchen mit 5200 Einwohnern verdankt seine Bekanntheit weniger dem Wein als vielmehr dem Wasser: Es sprudelt hier in besonderer Qualität aus dem Boden, wird für erholsame Kurbäder genutzt und kann in Flaschen abgefüllt überall in Kalifornien gekauft werden. Das historische Ortsbild lockt seinerseits viele Besucher ans Nordende des Tals, die gern zwischen den alten Gebäuden im Western-Stil herumspazieren. Im **Calistoga Depot** – dem ehemaligen Bahnhof – sind Restaurants, Weinhandlungen und die Touristeninformation untergebracht, wo es auch Pläne für Stadtrundgänge gibt.

Gleich nördlich von Calistoga finden sich zwei ungewöhnliche Attraktionen: der **Old Faithful Geyser**, der alle 40 Minuten heißes Wasser in die Höhe schleudert (1299 Tubbs Lane, ab Calistoga ausgeschildert, täglich 9–18 Uhr, Eintritt 10 $), und der **Petrified Forest** (4100 Petrified Forest Road, ebenfalls ausgeschildert, täglich 7–19, im Winter 8–17 Uhr, Eintritt 10 $), wo ein Wanderpfad an verschiedenen versteinerten Bäumen vorüberführt. Die Versteinerungen entstanden, als der sieben Meilen nördlich gelegene Vulkan Mount St. Helena vor drei Millionen Jahren eine alles erstickende Aschewolke ausstieß. Wer diese Sehenswürdigkeiten aus ungewöhnlicher Perspektive betrachten will, kann in Calistoga eine Tour mit einem Heiß-

luftballon unternehmen (Calistoga Balloons, Treffpunkt je nach Wind, Info-Tel. 707/942-5758, www.calistogaballoons.com).

Ein Tipp noch für Weinfreunde: die **Sterling Vineyards**. Dieses Weingut im mediterranen Stil liegt auf einem Berg nördlich des Orts und ist nur per Seilbahn zu erreichen (1111 Dunaweal Lane, Mo–Fr 10.30–17, Sa–So 10–17 Uhr geöffnet).

Calistoga ▶ Sonoma Valley

Den Rückweg nach San Francisco können Sie über eine andere, ebenfalls interessante Strecke antreten: Folgen Sie ab Oakville Richtung Westen dem äußerst steilen **Oakville Grade** über den Höhenzug, der die beiden Weintäler voneinander trennt, und Sie erreichen bei Glen Ellen das **Sonoma Valley**. Was die Winzer hier produzieren, ist ebenfalls Spitzenklasse, und Namen wie »Sebastiani«, »Benziger« oder »Gloria Ferrer« brauchen sich nicht zu verstecken. In **Glen Ellen** bietet sich ein kurzer Abstecher zum **Jack London State Historic Park** an; er schützt das ehemalige Wohnhaus und die Reste der Experimentalfarm des Autors – für Literaturfreunde ein unbedingtes Muss. In dem Haus von Londons Witwe – dem **House of Happy Walls** – können viele Memorabilien aus dem Schriftstellerleben besichtigt werden (tgl. 10–17 Uhr). Etwas entfernt liegen die Ruinen des repräsentativen **Wolf House** – einen Tag vor dem Einzug des Autors brannte das Gebäude im August 1913 bis auf die Grundmauern nieder und wurde nie wieder hergerichtet (Sa–So 10–16 Uhr geöffnet, Eintritt 8 $). Weinfreunde kommen auf dem Weg dorthin in der **Benziger Winery** (tgl. 9–17 Uhr) auf ihre

Kosten, die allerdings auch unten im Ort eine Probierstube betreibt.

Sonoma ▶ San Francisco

Der Arnold Drive – eine schmale Landstraße – bringt Sie via Petaluma Avenue nach **Sonoma**, eine kleine Stadt mit viel Geschichte. Sie war im Jahr 1846 Hauptstadt der unabhängigen Republik Kalifornien – ganze 25 Tage lang. Der Rundgang um den zentralen Platz ist wie ein historisches Bilderbuch: Die Häuser sind steinerne Zeugen aus jener Phase der kalifornischen Geschichte, in der die Ablösung von Mexiko und Hinwendung zur US-Föderation erfolgte. Inmitten der bereits 1834 angelegten Plaza liegt die **City Hall** von 1908, die auch als Gerichtsgebäude diente. Das betagte **Blue Wing Inn** aus den 1840er-Jahren war das erste Hotel nördlich von San Francisco. In den **Sonoma Barracks**, einer zweistöckigen Kaserne, waren ab 1836 die mexikanischen Truppen unter dem Kommando General Vallejos stationiert. Im nordöstlichen Winkel des Platzes schließlich liegt die letzte am Camino Real gegründete kalifornische Mission, **San Francisco Solano de Sonoma**, aus dem Jahr 1823 (täglich 10 bis 17 Uhr, Eintritt 2 $).

Zurück nach San Francisco fahren Sie wieder über die Highways 121 und 37 Richtung US-101. Wer den Weg variieren möchte, hält sich auf dem Highway 37 östlich und fährt ab Vallejo auf dem Interstate 80 an die Bay zurück. Wer einen Stopp im **Six Flags Discovery Kingdom** von Vallejo erwägt, sollte sich mehrere Stunden Zeit lassen. Schließlich kostet der Eintritt in den Vergnügungspark ca. 45 $, Kinder unter 120 cm 30 $, und er bietet neben abenteuerlichen Achterbahnen auch ein Ozeanarium und dazu einen Wildlife Park.

Von San Francisco in den Süden

CHARAKTERISTIK: Ein Stück den Highway 1 entlang, vorbei an Stränden und zu Wäldchen mit majestätischen Redwood-Bäumen, geht es bis ins lebendige Santa Cruz, das berühmt ist für seine lange Pier **ANFAHRT:** mehrere Busunternehmen sowie die Firma Greyhound verkehren regelmäßig zwischen San Francisco und Santa Cruz **DAUER:** Tagesausflug **LÄNGE:** ca. 160 Meilen **EINKEHRTIPP:** Gilbert's Firefish Grill, 25 Municipal Wharf, Santa Cruz, Tel. 831/7423-5200 €€€ **AUS-**

KUNFT: Santa Cruz Visitors Bureau, 1211 Ocean St., Tel. 831/523-1234, www.santacruzca.org

KARTE ▶ S. 83

Der Küsten-Highway 1 von Monterey durch Big Sur nach Santa Barbara gilt als eine der Traumstraßen dieser Welt. Auch wer nicht so weit fahren kann, braucht auf spektakuläre Eindrücke nicht zu verzichten, denn schon auf der Strecke bis Santa Cruz erlebt man tolle Küstenabschnitte, viel Natur, sieht majestätische Redwood-Bäume und kann eine typische amerikanische »college town« erkunden. Es geht entlang der Küste der San Francisco Peninsula nach Süden, zuerst noch in den Stadtgrenzen von San Francisco, dann durch das San Mateo County.

San Francisco ▸ Santa Cruz

In San Francisco fahren Sie die Market Street bis Höhe Fell Street beim Civic Center und folgen dieser dann bis zum Golden Gate Park, wo die Straße den Namen wechselt und als John F. Kennedy Drive durch den Park bis zum Pazifikstrand führt. Hier biegen Sie auf den Great Highway Richtung Süden ab; von nun an wird Sie der Ozean zur Rechten bis nach Santa Cruz begleiten.

Bei Pacifica – wo Sie den eigentlichen Highway 1 erreichen – hört der Ballungsraum San Francisco urplötzlich auf. Die Straße schlängelt sich zuweilen in beträchtlicher Höhe oberhalb des Küstensaumes dahin. Bei Montara verläuft der Highway wieder auf flacherem Niveau, doch bald beginnt eine eindrucksvolle Berg- und Talfahrt entlang der ausgewaschenen Steilküste.

Das **Año Nuevo State Reserve** ist für die hier oft an Land kommenden großen Robben bekannt. Doch selbst wenn man diese eindrucksvollen Wesen nicht zu Gesicht bekommt: Es lohnt sich, einmal etwas länger auf einem der Steilküstenvorsprünge zu verweilen und den Pelikanen zuzuschauen, wie sie in dichter Folge zu viert, fünft, sechst hintereinander herfliegen oder flach über die Wellen hingleiten.

Die Küste ist nur dünn besiedelt, und die wenigen Orte wie Pescadero, Swanton oder Davenport sind ohne herausragendes Profil – was nicht heißt, dass die Seafood-Restaurants schlecht wären; sie kommen aber noch ohne viel Tamtam aus.

Naturfreunde werden vor einem Stadtbummel in Santa Cruz vielleicht einen Abstecher zum **Big Ba-sin Redwoods State Park** machen, der 20 Meilen nördlich der Stadt nahe des Highway 9 liegt. Sollten Sie nicht noch weiter in den Norden hinauffahren wollen, wo die berühmten Redwood-Mammutbäume in großer Zahl existieren, ist dies eine gute Gelegenheit, die nur an der kalifornischen Küste heimischen Naturwunder zu betrachten (tgl. 6–22 Uhr, Eintritt pro Wagen 10 $.). Rund 120 km gespurter Wanderwege durchqueren die hügelige Wildnis und führen an Wasserfällen, an schmalen Schluchten entlang und zu Hainen mit den gigantischen Redwood-Bäumen. Big Basin wurde schon im September 1902 unter Schutz gestellt und ist Kaliforniens ältester State Park.

Santa Cruz gilt als Surfin' City USA, und es scheint, als führe jeder der 55 000 Einwohner gerade mit einem klapprigen VW und Surfbrett auf dem Dach zum nächsten Strand. Tatsächlich weist die Stadt einen herrlichen Uferabschnitt auf, der einfach dazu einlädt, die Schuhe auszuziehen und durch den Sand zu stapfen, bis man ein ruhiges Plätzchen für ein Sonnenbad gefunden hat (was in der Hochsaison schwierig werden kann). Vom Ende des in den Pazifik hinausführenden **Municipal Pier** bieten sich schöne Ausblicke auf Stadt, Boardwalk und vor allem auf den **Steamship Point**, wo die anrollenden Wellen mit Surfern regelrecht gespickt sind. Ein Neoprenanzug schützt sie vor dem kalten Wasser. In der entsprechenden Saison im Frühjahr und im Herbst starten von Santa Cruz Whale Watching Trips, die versuchen, in Sichtweite der an der Küste vorbeiziehenden Buckelwale zu gelangen. Zuwei-

Wie sind die Wellen, wie ist der Wind? Die Strände vor Santa Cruz bieten beste Bedingungen für Surfer, weshalb hier viele internationale Wettbewerbe stattfinden.

len halten sich die riesigen Meeressäuger für eine Rast in der Monterey Bay auf.

Nach den vielen Natureindrücken werden Kinder für eine ganz besondere Abwechslung dankbar sein: Der **Santa Cruz Beach Boardwalk** bietet ein uraltes Karussell, eine 1924 erbaute Achterbahn sowie unzählige Spielgeräte, eine große Minigolfanlage und diverse Snack-Restaurants. Der Park hat im Sommer täglich von 11 bis 19 Uhr oder länger geöffnet, sonst eingeschränkt (http://beachboardwalk.com).

Für das leibliche Wohl sorgen in Downtown Santa Cruz viele Cafés und Restaurants – man merkt, dass sie eine studentische Klientel haben, denn die Preise sind moderat. Der gesamte Ort wurde beim Loma-Prieta-Erdbeben im Jahr 1989 schwer in Mitleidenschaft gezogen, doch die Spuren sind beseitigt. Wer sich für Kultur interessiert, kann das **Museum for Art & History** (705 Front Street, Di–So 11–17, erster Fr im Monat bis 19 Uhr, Eintritt 5 $) mit sehr kinderfreundlichen Displays oder das in dem ehemaligen Mark-Abbott-Leuchtturm untergebrachte **Santa Cruz Surfing Museum** (Lighthouse Point, Do–Mo 10–17 Uhr im Sommer, Eintritt frei) besuchen.

Santa Cruz ▶ San Francisco

Die Rückfahrt nach San Francisco treten Sie am besten – wenn es spät ist – via Highway 17 bis Los Gatos und von dort über den Interstate 280 an. Wenn noch genügend Zeit bleibt, ist die Strecke über den Highway 9 und den Big Basin Redwoods State Park vorzuziehen, vor allem, wenn man den Abstecher zum Park noch nicht gemacht hat, die allerdings deutlich längere Fahrzeit beansprucht.

Im Fokus

Der Highway 1 nach Big Sur

Wer von Monterey bis San Luis Obispo der Küstenlinie folgt, erlebt die Wildnis des »Großen Südens«.

Der kalifornische Highway 1 zählt zu den Traumstraßen der Welt.

Sie starten in der Hauptstadt: Monterey. Das Städtchen war während der spanischen und mexikanischen Ära Kaliforniens der Regierungssitz, und so prägen zahlreiche historische Gebäude das Zentrum des 30 000-Einwohner-Orts. Ein Geschichtspfad erschließt sie, den man ab Fisherman's Wharf auf eigene Faust begehen kann (Pläne im Visitor's Center des Monterey State Historic Park im »Cooper Molera Adobe« Haus). Ein weiterer Trumpf: das Monterey Bay Aquarium – eines der besten Aquarien der Welt mit riesigen Becken, in denen 500 verschiedene Tierarten in ihren naturnah gestalteten Lebensräumen beobachtet werden können (886 Cannery Row, Tel. 831/648-4888, www.montereybayaquarium.org, Sommer Mo–Fr 10–18, Sa und So 9.30–20 Uhr, im Winter eingeschränkt, Eintritt 30 $, Kinder 18 $). Die Cannery Row ringsherum, die aus John Steinbecks Büchern bekannte »Straße der Ölsardinen«, ist stark touristisch aufgepeppt. Wer sich Monterey intensiver anschauen möchte, sollte eine Übernachtung einplanen und dann die Gelegenheit nutzen, auf die Monterey Peninsula mit dem eleganten Ort Pacific Grove und dem gebührenpflichtigen 17-Mile-Drive zu fahren. An vielen Stellen der felsigen Küste gibt es

◄ Von Strafgefangenen in den Fels gehauen und im Winter oftmals nicht befahrbar: der Highway 1 bei Big Sur.

Zugang zum Wasser, und bei Ebbe können in den Gezeitentümpeln viele Tiere beobachtet werden.

Kaum Spuren von Zivilisation

Schon bald hinter dem Ortsausgang von Carmel lässt sich ahnen, was nun die Fahrt prägen wird: Der Highway 1 hat Big Sur erreicht, den »großen Süden«, der lange kaum zugänglich war, und schlängelt sich nun als schmales Asphaltband über 92 Meilen zwischen Pazifikküste und den rauen, bis zu 1500 m hohen Bergen dahin – eine dichte Abfolge atemberaubender Szenerien. Ab jetzt gibt es nur noch Naturschutzgebiete – Strandabschnitte mit Seelöwen und Vögeln oder hügelige Waldregionen – sowie winzige Orte. Man sieht kaum Spuren von Zivilisation, denn nur 1500 Menschen leben entlang des langen Highways. Die 1937 eröffnete Strecke wurde in 20-jähriger Arbeit von Sträflingen aus dem Fels gehauen, und die Herbst- und Winterstürme sind oft so rau, dass immer wieder Erdrutsche die Straße unpassierbar machen.

Und so rollen Sie denn nach Süden, der Blick wechselt rege zwischen Küstenszenerie und der hügeligen Landschaft. Immer wieder laden kleine State Beaches zum Stopp ein. 15 Meilen südlich von Carmel schwingt sich der Highway über die Bixby Canyon Bridge – 1932 erbaut, war sie damals die höchste Betonbrücke der Welt. Und dann der Ort Big Sur – für die kommenden 65 Meilen die einzige nennenswerte Siedlung mit Restaurants und Läden, wo Sie sich gut für ein Pick-nick versorgen können. Denn ab jetzt gibt es nur noch die Straße und die Natur. Eine Handvoll Restaurants und Nobelherbergen entlang der Route bewegen sich eher im oberen Preissegment. Doch vielleicht reichen Zeit und Geld für einen Stopp im Café oder Restaurant Nepenthe (www.nepenthe bigsur.com). Die Ausblicke sind spektakulär, und schließlich hat hier Orson Welles einst seine Braut Rita Hayworth über die Schwelle getragen.

Wenn Sie wenig Zeit haben, sollten Sie zumindest den Pfeiffer Big Sur State Park oder den Julia Pfeiffer Burns State Park 14 Meilen weiter südlich besuchen – man gewinnt einen tollen Eindruck dieser teils schroffen, teils malerisch-wilden Landschaft.

Bis Morro Bay folgt der Highway 1 eng der Küste; hin und wieder können Sie von den wenigen Parkplätzen aus Seelöwen oder See-Elefanten in der Sonne dösen sehen.

Dann führt die Strecke ins Land hinein. Zielort der Tour ist San Luis Obispo mit einem vielfältigen Angebot an Motels, darunter das legendäre Madonna Inn mit fantasievoll und opulent gestalteten Zimmern. Von hier aus kann man auch leicht zum Hearst Castle bei San Simeon fahren und sich auf einer Führung das surreale Schloss-Domizil des früheren Pressemagnaten zeigen lassen (Ticketreservierung 800/444-4445).

INFORMATIONEN
Monterey County Visitors Bureau
765 Wave St. • Tel. 831/657-6400 • www.seemonterey.com

San Luis Obispo Chamber of Commerce
1039 Chorro St. • Tel. 1-800/634-1414 • www.slochamber.org

Die nostalgischen Cable Cars (▸ S. 44)
sind das beliebteste Verkehrsmittel in
San Francisco. 2011 wurden die drei
noch existierenden Linien überholt.

Wissenswertes über
San Francisco

Nützliche Informationen für einen gelungenen
Aufenthalt: Fakten über Land, Leute und Geschichte
sowie Reisepraktisches von A bis Z.

Auf einen Blick

Mehr erfahren über San Francisco – Informationen über Land und Leute, von Bevölkerung über Politik und Sprache bis Wirtschaft.

AMTSSPRACHE: Englisch
BEVÖLKERUNG: 45 % Weiß, nicht Hispanic, 31 % Asiaten, 14 % Hispanics, 7 % Afroamerikaner, 3 % Rest, insgesamt 64 % in den USA gebürtig, 36 % Einwanderer
EINWOHNER: 775 000
FLÄCHE: 121 qkm
INTERNET: www.onlyin sanfrancisco.com
RELIGION: 22 % katholisch, 6,5 % jüdisch, 3 % muslimisch, 4,4 % christlich reformiert, 0,4 % griech.-orthodox
VERWALTUNG: Stadt/County, aufgeteilt in 11 Bezirke. Der Bürgermeister ist zugleich Vorsitzender des Verwaltungsrates des Countys.
WÄHRUNG: US-Dollar

Bevölkerung

Gut 800 000 Menschen leben in den Stadtgrenzen, etwa sieben Millionen in den Vororten San Jose, Oakland, Berkeley, Vallejo oder anderen Städten rund um die Bay. Vor dem Goldrausch vor rund 160 Jahren hatte San Francisco noch 1500 Einwohner. Von ihnen sind etwa 45 % europäischer nicht-hispanischer Abstammung, rund 30 % asiatischer, vorwiegend chinesischer Abstammung, knapp 15 % sind Hispanics, gut 7 % Afroamerikaner, indianische Herkunft reklamieren weniger als 1 %. Nach Schätzungen gehören 20 % der Einwohner der Gay Community an. Nur knapp 40 % der Bevölkerung sind auch in San Francisco geboren,

◄ In den späten Sechzigerjahren wurde in San Francisco Musikgeschichte geschrieben: Musiker in North Beach.

ein Viertel ist aus anderen US-Bundesstaaten zugezogen, rund 35 % der Stadtbewohner kommen aus dem Ausland.

Lage und Geografie

San Francisco ist 121 qkm groß und liegt an der pazifischen Küste der USA, auf der Nordspitze der San Francisco Peninsula, dort, wo die San Francisco Bay sich beim Golden Gate zum Pazifik öffnet. Nimmt man die Wasserfläche hinzu, umfasst die Stadt rund 600 qkm, die Landfläche beträgt weniger als ein Sechstel. Im Stadtgebiet gibt es über 40 Hügel, dementsprechend steile Straßen. Auch einige Inseln in der San Francisco Bay gehören zur Stadt, darunter die frühere Gefängnisinsel Alcatraz, Treasure Island und Yerba Buena Island.

Die San-Andreas- und die Hayward-Verwerfungen in der Erdkruste verlaufen nicht weit von der Stadt und sind verantwortlich für viele kleinere Beben, aber auch für die verheerenden Erdbeben von 1906 mit 3000 Toten und das Loma-Prieta-Erdbeben von 1989.

Politik und Verwaltung

San Francisco ist Stadt und County zugleich. Die gewählten Vertreter der elf Bezirke bilden das County Board of Supervisors und gleichzeitig den Stadtrat. Der direkt auf vier Jahre gewählte Bürgermeister kann ein weiteres Mal wiedergewählt werden. San Francisco ist regionaler Sitz mehrerer Bundesbehörden, darunter der Nationalen Münze, der Bundesbank und des Berufungsgerichtshofs. Auch das Oberste Gericht von Kalifornien hat seinen Sitz in der Stadt, ebenso wie die Konsulate von rund 70 Staaten weltweit.

Die Bevölkerung nimmt über Initiativen zur Bildungs- oder Umweltpolitik, die bei städtischen Wahlen mit zur Abstimmung gestellt werden, regen Anteil an der Gesetzgebung.

Religion

Nur eine Minderheit der Bürger von San Francisco ist konfessionell gebunden. Römisch-katholisch sind 22 %, andere christliche Glaubensrichtungen sind mit knapp 5 %, Juden mit 6,5 % sowie Muslime mit 3 % der Bevölkerung vertreten.

Sprache

Offizielle Amtssprache ist Englisch. Im Mission District leben viele Hispanics, die häufig Spanisch nach wie vor als Umgangssprache nutzen. In Chinatown erscheinen mehrere Zeitungen in chinesischer Sprache.

Wirtschaft

Die Stadt lebt vorwiegend vom Handel, von Banken, Versicherungen und vom Tourismus. Mehr als 16 Mio. Besucher zählt die Stadt im Jahr, gut 2,6 Mio. kommen aus dem Ausland. Auch staatliche Stellen gehören zu den wichtigen Arbeitgebern. Produzierende und andere Gewerbebetriebe finden sich vor allem jenseits der Stadtgrenzen. In der Kommunikations- und der Biotechnologie spielt San Francisco eine nationale Rolle. Mehrere Internet- und Kommunikationsunternehmen, wie Twitter oder Wikipedia, haben ihren Hauptsitz in der Stadt. Die Arbeitslosenquote beträgt 9,1 % (November 2011).

Geschichte

1500 v. Chr.
Indianer der Stämme Miwok und Costanoa siedeln auf der Halbinsel am Golden Gate.

1542
Fünfzig Jahre nach Kolumbus erkundet Juan Rodriguez Cabrillo als erster Europäer die Küste Kaliforniens.

1579
Sir Francis Drake segelt wegen des Nebels am Golden Gate vorbei und betritt bei Point Reyes das Land.

1769
Eine spanische Expedition unter Leitung von Gaspar de Portolá reist vom Süden her die Küste hinauf.

1776
Der Spanier Juan Bautista de Anza beginnt im März mit dem Bau des Presidio, einer militärischen Befestigungsanlage. Der Franziskanerpfarrer Fray Palou gründet die heutige Mission Dolores.

1821
Presidio und Mission werden mexikanisch.

1835
Der britische Kapitän William Richardson gründet den Handelsposten Yerba Buena.

1846
Amerikanisch-mexikanischer Krieg. Am 9. Juli erobert John B. Montgomery kampflos den Ort und hisst die Flagge der USA. Die Einwohnerzahl beträgt 450.

1847
Umbenennung von Yerba Buena in San Francisco.

1848
Entdeckung von Gold am American River bei Sacramento, auf dem Besitz Johann August Sutters; San Francisco hat 900 Einwohner.

1849
Die Einwohnerzahl steigt auf 25 000.

1850
Verdoppelung der Population auf 50 000 Menschen. Tod des letzten Miwok-Indianers. Kalifornien wird 31. Bundesstaat der USA.

1865
Gründung der Tageszeitung »San Francisco Chronicle«.

1869
Fertigstellung der transkontinentalen Eisenbahnlinie bis nach Oakland.

1873
Fahrt der ersten Cable Car.

1880
Tod von Norton I., dem selbst ernannten Kaiser der USA. Er lebte seit 1854 in San Francisco und ließ sein eigenes Fantasie-Geld drucken.

1906
Am 18. April um 5.13 Uhr bebt die Erde für 48 Sekunden. Ein fünf Tage andauerndes Feuer zerstört große Teile der Stadt. 700 Menschen verlieren ihr Leben; die Schäden betragen 350 Millionen Dollar.

1915

Das wiederaufgebaute San Francisco präsentiert die Panama Pacific Exposition.

1934

Eine Streikwelle erschüttert die Stadt.

1936

Fertigstellung der Oakland Bay Bridge.

1937

Inbetriebnahme der Golden Gate Bridge, damals die längste Hängebrücke der Welt.

1941

Internierung der japanischen Einwohner nach dem japanischen Angriff auf Pearl Harbor.

1945

Die Charta der Vereinten Nationen wird in San Francisco unterzeichnet.

1953

Gründung des City Lights Bookstore als Kristallisationspunkt der literarischen Beat-Generation.

1967

San Francisco ist Zentrum des Summer of Love. Die Hippie-Bewegung nimmt von Haight-Ashbury aus ihren Ausgang.

1978

Am 27. November erschießt ein ehemaliger Stadtrat den Bürgermeister George Moscone und den homosexuellen Supervisor Harvey Milk. Als der Täter 1979 zu einer Minimalstrafe verurteilt wird, kommt es zu Protesten der Homosexuellenszene.

1981

Aids wird als Todesursache von Homosexuellen identifiziert.

1982

Die Cable Car wird wegen Überholungsarbeiten für die Dauer von zwei Jahren stillgelegt.

1989

Am 17. Oktober um 17.04 Uhr wird die Stadt vom Loma-Prieta-Erdbeben erschüttert; ein Segment der Oakland Bay Bridge stürzt ein. Die schwersten Schäden entstehen im Marina District. In Oakland bricht der doppelstöckige MacArthur Freeway zusammen. 60 Menschen sterben, die Schäden betragen acht Milliarden Dollar.

1992

Die in Los Angeles ausgebrochenen Rassenunruhen greifen auch auf San Francisco über.

1996

Einweihung des neu erbauten Museum of Modern Art.

1998/1999

Fertigstellung des Yerba Buena Gardens Project im Stadtteil South of Market.

Ab 2001

Neubau einer erdbebensicheren Bay Bridge nach Oakland.

2006

Gouverneur Arnold Schwarzenegger wird im Amt bestätigt.

2011

Die Cable-Car-Linien werden für Reparaturarbeiten stillgelegt.

Sprachführer Englisch

Wichtige Wörter und Ausdrücke

ja – yes
nein – no
bitte – my pleasure, you're welcome
danke – thank you
Wie bitte? – Pardon?
Ich verstehe nicht – I don't understand you
Entschuldigung – Sorry, I beg your pardon, excuse me
Guten Morgen – Good morning
Guten Tag – Hello
Guten Abend – Good evening
Auf Wiedersehen – goodbye
Ich heiße … – My name is …
Ich komme aus …   I'm from …
Wie geht's? – How are you?
Danke, gut. – Thanks, fine.
wer, was, welcher – who, what, which
wie viel – how many, how much
Wo ist … – Where is …
wann – when
wie lange – how long
Sprechen Sie Deutsch? – Do you speak German?
Bis bald – See you soon
heute – today
morgen – tomorrow

Zahlen

null – zero
eins – one
zwei – two
drei – three
vier – four
fünf – five
sechs – six
sieben – seven
acht – eight
neun – nine
zehn – ten
zwanzig – twenty
einhundert – one hundred
eintausend – one thousand

Wochentage

Montag – Monday
Dienstag – Tuesday
Mittwoch – Wednesday
Donnerstag – Thursday
Freitag – Friday
Samstag – Saturday
Sonntag – Sunday

Unterwegs

Wie weit ist es nach …? – How far is it to …?
Wie kommt man nach …? – How do I get to …?
Wo ist …? – Where is …?
– die nächste Werkstatt? – the nearest garage?
– der Bahnhof/Busbahnhof? – the station/bus terminal?
– die nächste U-Bahn-/Bus-Station/der Flugplatz? – the nearest subway station/bus stop/the airport?
– die Touristeninformation? – the tourist information?
– die nächste Bank? – the nearest bank?
– die nächste Tankstelle? – the nearest gas station?
Wo finde ich einen Arzt/eine Apotheke? – Where do I find a doctor/a pharmacy?
Bitte voll tanken! – Fill up please!
Normalbenzin – Regular gas
Super – super
bleifrei – unleaded
rechts – right
links – left
geradeaus – straight ahead
um die Ecke round the corner
Ich möchte ein Auto/ein Fahrrad mieten. – I would like to rent a car/bike.
Wir hatten einen Unfall. – We had an accident.

Eine Fahrkarte nach … bitte! –
A ticket to … please!

Ich möchte Geld wechseln. – I'd like
to change money.

Übernachten

Ich suche ein Hotel/eine Pension. –
I'm looking for a hotel/guesthouse.

Ich suche ein Zimmer für …
Personen. – I'm looking for a
room for … people.

Haben Sie noch Zimmer frei…? –
Do you have any vacancies…?

– für eine Nacht? – for one night?

– für zwei Tage? – for two days?

– für eine Woche? – for one week?

Ich habe ein Zimmer reserviert. –
I made a reservation for a room.

Haben Sie zum Wochenende einen
Sonderpreis? – Do you offer a
special weekend rate?

Wie viel kostet das Zimmer…? –
How much is the room…?

– mit Frühstück? – including breakfast?

– mit Halbpension? – half board?

Kann ich das Zimmer sehen? – Can
I have a look at the room?

Ich nehme das Zimmer. – I'll take
the room.

Kann ich mit Kreditkarte zahlen? –
Do you accept credit cards?

Essen und Trinken

Wir haben einen Tisch reserviert –
We have booked a table.

Die Speisekarte bitte! – Could I see
the menu please?

Die Rechnung bitte! – Could I have
the check please?

Ich hätte gern… –
I'd like to have …

Auf Ihr Wohl! – Cheers!

Wo finde ich die Toiletten (Damen/
Herren)? – Where are the rest-
rooms (ladies/gents)?

Kellner/in – waiter/waitress

Frühstück – breakfast

Mittagessen – lunch

Abendessen – dinner

Einkaufen

Wo gibt es …? – Where do I
find …?

Haben Sie …? – Do you have …?

Was ist das/wie heißt das? – What is
that/how do you call this?

Wie viel kostet das? – How much is
this?

Das gefällt mir/gefällt mir nicht –
I like it/I don't like it

Das ist zu teuer. – That's too ex-
pensive.

Ich nehme es. – I'll take it.

Geben Sie mir bitte 100 Gramm/
ein Pfund. – I'd like to have one
hundred grams/one pound

Danke, das ist alles. – Thank you,
that's it.

geöffnet/ geschlossen – open/
closed

Einkaufszentrum – shopping
mall

Kaufhaus – department store

Lebensmittelgeschäft – grocery

Briefmarken für einen Brief/eine
Postkarte nach Deutschland/
Österreich/in die Schweiz –
stamps for a letter/postcard to
Germany/Austria/Switzerland

Ämter, Banken, Zoll

Haben Sie etwas zu verzollen? –
Do you have anything to declare?

Ich habe meinen Pass/Brieftasche
verloren. – I have lost my pass-
port/my wallet.

Ich suche einen Geldautomaten. –
I am looking for an ATM.

Ich möchte einen Reisescheck ein-
lösen. – I'd like to cash a traveler's
check.

Kulinarisches Lexikon

A
almonds – Mandeln
anchovis – Sardellen
appetizer – Vorspeise
asparagus – Spargel

B
bacon – Speck
bagel – festes Brötchen
beans – Bohnen
beer on tap – Bier vom Fass
bisque – Hummer- oder Krebssuppe
boiled – gekocht
braised – geschmort, gedünstet
bread – Brot
broiled gebraten
bun – weiches Brötchen
burrito – mit Reis und Fleisch oder
   Gemüse gefüllter Maisfladen

C
cabbage – Kohl
cake – Kuchen, Torte
candy – Bonbons, Süßigkeiten
cauliflower – Blumenkohl
cereal – Getreideflocken/Müsli
chanterelles – Pfifferlinge
cheese – Käse
chicken – Huhn
chop – Kotelett
chowder – dicke Suppe von Fisch,
   Fleisch oder Schalentieren
clams – Muscheln
cod – Kabeljau
corn – Mais
crab – Taschenkrebs/Krabbe
crawfish – Krebs
crayfish – Flusskrebs
cucumber – Gurke
escalope – Schnitzel

D
decaf – koffeinfreier Kaffee
dessert – Nachtisch

duck – Ente
dumplings – Klöße

E
egg – Ei
entree – Hauptgang

F
french fries – Pommes frites
fried – in der Pfanne gebraten
   – eggs – Spiegeleier
   – potatoes – Bratkartoffeln
fruit – Obst
   – juice – Fruchtsaft

G
garlic – Knoblauch
goose – Gans

H
haddock – Schellfisch
halibut – Heilbutt
ham – Schinken
herbal tea – Kräutertee
horseradish – Meerrettich

K
kidneys – Nieren
knuckle – Haxe

L
lamb chop – Lammkotelett
leek – Lauch, Porree
leg of lamb – Lammkeule
lemon – Zitrone
lettuce – Kopfsalat
liver – Leber
lobster – Hummer
loin – Lendenstück

M
mashed potatoes – Kartoffelbrei
meat – Fleisch
   – balls – Fleischklößchen

medium rare – halb durchgebraten
minced meat – Hackfleisch
mushrooms – Pilze
mussels – Miesmuscheln
mustard – Senf

N

night cap – Schlummertrunk, letzte
   Bestellung
noodles – Nudeln
nuts – Nüsse

O

onions – Zwiebeln
oysters – Austern

P

pancake – Pfannkuchen
parsley – Petersilie
partridge – Rebhuhn
pastry – Gebäck, Kuchen
peach – Pfirsich
pear – Birne
peas – Erbsen
pepper – Pfeffer
perch – Barsch
pie – Pastete, Torte
pineapple – Ananas
plaice – Scholle
pork – Schweinefleisch
porridge – Haferbrei
porterhouse steak – großes Steak
   mit Filetstück und Knochen
potatoes – Kartoffeln
poultry – Geflügel
prawn – Garnele
prunes – Backpflaumen
pumpkin – Kürbis

R

rabbit – Kaninchen
radish – Radieschen, Rettich
raisins – Rosinen
rare – fast roh
rarebit – überbackener Toast
red (white) wine – Rot-/Weißwein

raspberries – Himbeeren
roast – Braten
roasted – im Ofen gebraten
roll – Brötchen

S

salmon – Lachs
sausage – Wurst
scrambled eggs – Rühreier
sea-food – Meeresfrüchte
sirloin steak – Lendensteak
slice – Scheibe
smoked – geräuchert
snapper – Tiefseefisch
soft boiled egg – weich gekochtes Ei
sole – Seezunge
soup – Suppe
sour cream – saure Sahne
spareribs – Rippchen
spinach – Spinat
stewed – geschmort
stout beer – dunkles, starkes Bier
strawberries – Erdbeeren
sugar – Zucker
sweetbread – Kalbsbries

T

T-bone steak – Steak mit Filetstück
   und Knochen
tenderloin – Filetstück
tomato juice – Tomatensaft
trout – Forelle
tuna fish – Thunfisch
turbot – Steinbutt
turkey – Truthahn
turnips – weiße Rüben

V

veal – Kalb
vegetables – Gemüse
vinegar – Essig

W

wafers – dünne Waffeln
whipped cream – Schlagsahne
well done – durchgebraten

Reisepraktisches von A–Z

ANREISE

MIT DEM FLUGZEUG

Fast alle großen Linien fliegen den **San Francisco International Airport** (SFO) direkt an; er liegt 14 Meilen (23 km) südlich der City an der Bay. Charterunternehmen und viele inneramerikanische Flüge haben das Ziel **Oakland International Airport**. Vor dem Terminal bieten sich mehrere Möglichkeiten, um in die Stadt zu gelangen: Von der BART-Station geht es direkt in die City. Die Fahrt dauert ca. 30 Minuten und kostet 8 $. Die blauen SuperShuttle-Busse fahren vom Airport (erst am Schalter ein Ticket kaufen) die wichtigsten Hotels der Stadt an. Ein One-way-Ticket kostet 15 $ (www.super shuttle.com). Die zwei Linien der öffentlichen SamTrans-Busse fahren in 55 Min. (Nr. 292, 1,50 $) und in 35 Min. (KX, 4 $, nur 1 Gepäckstück) vom Flughafen zum Transbay Terminal in der 455 & 1st Sts.

Das **Taxi** bringt Sie für ca. 50 $ plus Trinkgeld auf direktem Weg ans Ziel. Auf www.atmosfair.de und www.myclimate.org kann jeder Reisende durch eine Spende für Klimaschutzprojekte für die CO_2-Emission seines Fluges aufkommen.

MIT DEM AUTO

Wer über Land nach San Francisco reist, kommt von Norden her via US-101 und Golden Gate Bridge (6 $ Maut), von Osten über den Interstate 80 und die San Francisco-Oakland Bay Bridge (4 $ Maut) und aus dem Süden entlang des US-101 oder des Interstate 280 in die Stadt. Die Strecken sind zur Stoßzeit verstopft. Auch der Küstenhighway 1 endet von Norden her auf dem US-101. Wer von Süden kommt und den Freeway meiden will, muss ab Pacifica über zahlreiche Stadtstraßen navigieren.

MIT DEM ZUG

Das Liniennetz der US-Bahngesellschaft **Amtrak** ist stark ausgedünnt, und kein Zug steuert San Francisco direkt an: Oakland ist der Endbahnhof. Regionalunternehmen verbinden San Francisco mit der südlichen Halbinsel und halten im **CalTrain Depot** (www.caltrain.com) im Stadtteil South of Market. Die Bahnlinien nach Sacramento oder Los Angeles fahren entlang der East Bay und halten u. a. in Berkeley, Emeryville und Oakland. Zubringerbusse verbinden die Bahnstation in Oakland mit dem Ferry Building und anderen Haltestellen in San Francisco.

AUSKUNFT

IN SAN FRANCISCO
Visitor Information Center
▸ S. 114, C 7
Downtown • 900 Market St./Hallidie Plaza (Eingang der BART-Station Powell Street) • P.O. Box 429097 • Tel. 391-2000, auf Deutsch Tel. 391-2004 • www.onlyinsanfrancisco.com (auch auf Deutsch)

BUCHTIPPS

Armistead Maupin: Stadtgeschichten (7 Bände, Rowohlt Taschenbuch) Auch wenn noch so viele Bücher in San Francisco spielen – Armistead Maupins Helden aus seinen Stadtgeschichten sind die besten Begleiter, will man diese Stadt vorab auf dem Papier kennenlernen.

Milena Moser: Flowers in your Hair (Blessing Verlag, 2008) Schwärmerisch, witzige Liebeserklärung an San Francisco.
Simon Winchester: Ein Riss durch die Welt (btb Verlag, 2008) Sprachgewaltige Schilderung des Erdbebens von 1906 und seiner Folgen.
Marcia Muller, San Francisco Blues: Ein Fall für Sharon McCone (Fischer Taschenbuch Verlag, 2008) Die bekannte Privatdetektivin löst einen spannenden Fall in San Francisco.

CITYPASS

Wer sich einige Tage in der Stadt aufhält und mehrere Attraktionen besichtigen will, sollte den Kauf des CityPasses (69 $, Kinder 39 $) ins Auge fassen. Er gilt 7 Tage lang und schließt Busse und Bahnen des öffentlichen Nahverkehrs (MUNI) sowie den Eintritt zu maximal 5 Sehenswürdigkeiten ein.
www.citypass.com/san-francisco

DIPLOMATISCHE VERTRETUNGEN

Deutsches Konsulat ▸ S. 114, A7
Nob Hill • 1960 Jackson St. •
CA 94109 • Bus 10: Jackson & Octavia
Sts. • Tel. 775-1061 • www.germany.
info/sanfrancisco

Österreichisches Honorarkonsulat ▸ S. 115, D7
Financial District • 580 California St.
Suite 1500 • Bus 1: Sacramento &
Montgomery Sts, Cable Car: California & Kearney Sts • Tel. 765-9576

Schweizer Generalkonsulat
▸ S. 115, D7
Financial District • 456 Montgomery
St., Suite 1500, CA 94111 • Tel. 788-2272 • www.eda.admin.ch.sf

EINREISE
ESTA

Seit Januar 2009 müssen alle USA-Reisende – auch Kinder – mindestens 72 Stunden vor dem Abflug eine elektronische Reisegenehmigung (ESTA) beim Department of Homeland Security beantragen. Den Antrag stellt man auf der ESTA-Webseite (www.esta.us). Er wird in der Regel innerhalb von wenigen Sekunden genehmigt. Weitere Auskünfte unter www.esta-usa.de.

FEIERTAGE

1. Jan. Neujahr
3. Montag im Januar Martin Luther King jr. Birthday
3. Montag im Februar President's Day
Ostermontag
Letzter Montag im Mai Memorial Day
4. Juli Independence Day (Unabhängigkeitstag)
1. Montag im September Labour Day (Tag der Arbeit)
9. September Admission Day (Tag des Eintritts Kaliforniens in die Union)
2. Montag im Oktober Columbus Day
11. November Veteran's Day
Letzter Donnerstag im November Thanksgiving (Erntedankfest)
25. Dezember Christmas Day

GELD

1 $	0,76 €/0,92 SFr
1 €	1,31 $
1 SFr	1,08 $

Banken sind Mo–Fr 10–15, einige bis 17 Uhr geöffnet. Einige Dollar in kleinen Scheinen sollte man von zu

Hause mitbringen. Ansonsten wird das meiste per Kreditkarte beglichen. Auch Dollar-Reiseschecks werden wie Bargeld akzeptiert. Letzteres erhält man auch über die Kreditkarte oder EC-Karte (mit Maestro Funktion) jeweils mit Pin-Nummer. **Euro** wechselt z. B. Amparos Foreign Exchange Inc, 908 Market St., Tel. 956-5503

INTERNET

www.sanfrancisco.travel
Informative Website des Visitor Convention Bureaus
www.sfgov.org
Offizielle Webseite der Stadtverwaltung
www.sfbg.com
Veranstaltungs- und Szeneinfo
www.sfgate.com
Online-Ausgabe des San Francisco Chronicle
www.sfweekly.com
Szene-Magazin mit Veranstaltungskalender

MASSE UND GEWICHTE

1 gallon = 3,785 l
1 pound = 435 g
1 mile = 1,6 km
1 inch = 25,4 cm
1 yard = 91,4 cm

MEDIZINISCHE VERSORGUNG
KRANKENVERSICHERUNG

Der Abschluss einer Auslandsreisekrankenversicherung ist ratsam.

KRANKENHAUS
San Francisco General Hospital
▸ S. 119, E 16
Mission District • 1001 Potrero Ave. • Bus 9, 33: Potrero Ave & General Hospital • Tel. Emergency Room 206-8111, allg. 206-8000

NEBENKOSTEN

1 Tasse Kaffee	2,00–3,00 €
1 Glas Bier (pint)	6,00 €
1 Cola	2,00 €
1 Brot	1,00–3,00 €
1 Schachtel Zigaretten	4,00–6,00 €
1 Liter Super-Benzin	0,81 €
Fahrt mit öffentl. Verkehrsmitteln (Einzelfahrt)	1,50–2,00 €
Mietwagen/Woche inkl. km	ab 170,00 €

APOTHEKEN

Apotheken haben in der Regel von 9–18 Uhr geöffnet.

Walgreens Pharmacies
▸ S. 114, C 6
Im Stadtgebiet vertreten, z. B. Union Square • 135 Powell St. • BART Powell St., Straßenbahnen: Market & Powell Sts. • Tel. 391-7222 • www.walgreens.com

NOTRUF

Tel. 911
(Polizei, Feuerwehr, Rettungsdienst)

POST

Die Briefkästen in den USA sind meist blau. Briefmarken erhält man in den Postämtern (Post Office). Eine Postkarte nach Deutschland, Österreich und in die Schweiz kostet 0,94 $.

RAUCHEN

In San Francisco werden die kalifornischen Nichtrauchergesetze strikt angewandt. In Restaurants und Kneipen, Kaufhäusern und allen öffentlichen Räumen herrscht Rauchverbot, seit 2005 auch auf öffentlichen Plätzen und in Parkanlagen sowie in einigen Strandgebieten.

REISEDOKUMENTE

Deutsche und Österreicher können mit einem für die Dauer des Aufenthalts gültigen maschinenlesbaren Reisepass einreisen. Schweizer benötigen zur visumsfreien Einreise das Modell E06 des Schweizer Passes. Kinder benötigen einen eigenen Reisepass mit Lichtbild. Verbindliche Auskünfte über die aktuellen Vorschriften erteilen die US-Botschaften unter www.usembassy.gov.

VISUM

Reisende aus Deutschland, Österreich und der Schweiz können ohne Visum in die USA einreisen – vorausgesetzt, sie bleiben nicht länger als 90 Tage und können ein Ticket für den Rückflug vorweisen.

REISEKNIGGE

Trinkgeld – »tips« – ist wichtiger Gehaltsbestandteil im Dienstleistungsgewerbe. Üblich sind gut 15 % z. B. auf die Restaurant- oder Taxirechnung. Der Kofferträger im Hotel erwartet 1 $ pro Koffer. Im Restaurant (Ausnahme Fast-Food-Ketten) werden die Plätze zugewiesen. Casual Dress heißt leger, aber bis auf Strandbars bedeutet dies in Restaurants: no shoes, no shirt = no service. Der Konsum von Alkohol in der Öffentlichkeit ist an vielen Plätzen untersagt.

REISEWETTER

»It never rains in Southern California« – aber San Francisco liegt im Norden und hat seinen Nebel. Der Zusammenprall heißer Luft aus der Sierra Nevada mit einer sehr kalten Pazifikströmung beschert der Stadt ihr berühmtes und nicht immer angenehmes Phänomen. Selbst im Hochsommer, der hier eher kühl ist, kann plötzlich die alles verhüllende feuchtkalte Wolke aufziehen. Und häufig weht auch ein ordentlicher Wind, sodass wärmere Kleidung angebracht ist.

Beste – weil wärmste und sonnigste – Reisezeit sind Mitte April bis Mitte Juni und September/Oktober, dann kann es sogar hochsommerlich heiß werden. Ein weiterer Pluspunkt: Auch im Winter ist's für einen Trip an die Bay eigentlich nie zu ungemütlich.

SPORT

Baseball der San Francisco Giants kann man von April bis September im AT-T Park im Süden der Stadt sehen. Informationen unter Tel. 972-2000 (Giants) bzw. www.sf giants.com. Die Profi-Footballer der 49ers spielen von September bis Dezember im Candlestick Park, 490 Jamestown Ave., Tel. 464-9377 (www.sf49ers.com).

Mittelwerte	JAN	FEB	MÄR	APR	MAI	JUN	JUL	AUG	SEP	OKT	NOV	DEZ
Tages-temperatur	13	15	16	17	17	18	18	18	21	20	18	14
Nacht-temperatur	8	9	9	10	11	12	12	12	13	12	11	9
Sonnen-stunden	5	7	8	9	10	11	9	8	9	8	6	5
Regentage pro Monat	11	10	10	6	3	1	1	1	1	4	8	11

STADTRUNDFAHRTEN
Bay Cruise
Bootsfahrt auf der Bay.
Blue & Gold Fleet • Tel. 705-8200 •
www.blueandgoldfleet.com • ab 24 $

Blazing Saddles
Fahrradverleih und täglich geführte
Radtouren durch San Francisco.
Tel. 202-8888 • www.blazingsaddles.
com • tgl. 10 Uhr • Ticket 59 $

Cruisin' the Castro
Zweistündiger Rundgang zur Geschichte der Gay Community.
Tel. 255-1821 • www.cruisinthe
castro.com • Mo, Di, Do–Sa um
10 Uhr • Ticket 35 $, Kinder 25 $

Dashiell-Hammett-Tour
Vierstündiger San-Francisco-Rund-
gang auf den Spuren des Kriminal-
autors. Keine Vorausbuchung, Treffpunkt Bibliothek, Ecke Fulton St.
und Larkin St.
www.donherron.com • Mai und Sept.
jeden So 12 Uhr • 10 $

Haight-Ashbury Flower Power Walking Tour
Zweieinhalbstündiger Rundgang auf
den Spuren der Hippie-Bewegung.
Tel. 863-1621 • www.haightashbury
tour.com • Di und Sa 10.30, Do 14,
Fr 11 Uhr • Ticket 20 $, Kinder frei

San Francisco Movie Tour
Dreistündige Rundgänge zu Film-
drehorten ab Fisherman's Wharf.
Tel. 624-4949 • tgl. 10.30 Uhr •
Ticket 47 $, Kinder 37 $

Wok Wiz Chinatown Walking Tours
Unterschiedlich konzipierte Rundgänge, inklusive Restaurantbesuch.
Tel. 650/355-9657 • www.wokwiz.
com • tgl. 10 Uhr • Ticket 45 $, Kinder
35 $

STROM
Die elektrische Spannung beträgt
110 Volt. Für elektrische Geräte wird
ein Steckeradapter benötigt

TELEFON
Vorwahlen
D, A, CH ▸ USA: 001
USA ▸ D: 0 11 49
USA ▸ A: 0 11 43
USA ▸ CH: 0 11 41
San Francisco: 415

Alle mit der Vorwahl 800 bzw. 888
beginnenden Telefonnummern sind
gebührenfrei. Bei Ferngesprächen
innerhalb der USA muss zuerst immer eine 1 gewählt werden.
Wer die in Hotels üblichen hohen
Aufschläge für Telefonate sparen
will, kann auch eine »pre-paid
phone card« verwenden, die man in
Drugstores, Tabakläden und an
Tankstellen bekommt.
Europäische Mobiltelefone können
in den USA verwendet werden, wenn
es Tri-Band-Geräte sind, die vor Ort
auf 1900 Hertz umgestellt werden.

VERKEHR
AUTO/MIETWAGEN
In San Francisco über eigene vier Räder zu verfügen ist nicht unbedingt
günstig: Verstopfte Hauptstraßen
und horrende Parkgebühren trüben
die angebliche automobile Freiheit.
Bei den meisten Sehenswürdigkeiten
gibt es Parkplätze, im Downtown-
Bereich viele kostenpflichtige Park-
häuser. Für die allgegenwärtigen
Parkuhren sollte man genügend 25-
Cent-Münzen (»quarters«) dabeiha-

ben. Fast nirgendwo in der Innenstadt lässt sich aber das Auto ohne Einschränkungen abstellen, und Parktickets oder Abschleppgebühren sind unangenehm teuer.

Wer ab San Francisco per Leihwagen herumreisen will, mietet das Auto besser erst gegen Ende des Aufenthalts und nutzt es für Ausflüge. Wer den Wagen bereits daheim reserviert, bekommt oft günstigere Tarife, auch für die Versicherung. Stets ist aber ein Mindestalter von 25 Jahren, ein internationaler Führerschein und eine Kreditkarte nötig.

FAHRRAD

Auch wenn das Fahrrad an der Bay immer beliebter wird, lassen die vielen Hügel das Radeln oft zur Strapaze werden. Viele Autofahrer sind auf zweirädrige Verkehrsteilnehmer nicht eingestellt und übersehen sie gern – eine Gefahr, die man auf Reisen lieber meidet. Für Touren durch den Golden Gate Park oder via Golden Gate Bridge nach Norden lohnt sich das Mieten eines Rads aber unbedingt. Viele Straßen haben hier separate Fahrradwege, die breit angelegt und asphaltiert sind.

FAHRRADVERMIETUNGEN
Blazing Saddles Bike Rentals
▶ S. 114, C 6

North Beach • 1095 Columbus Ave. •
Tel. 202-8888

Golden Gate Park Skate & Bike
▶ S. 118, A 14

Verleih von allem, womit man aus
eigener Kraft auf zwei, vier oder acht
Rädern fahren kann. Sicherheitsaus-
rüstung inklusive.
Haight Ashbury • 3038 Fulton St. •
Tel. 668-1117 • www.goldengate
parkbikeandskate.com • Inlineskates
6 $/Std. bzw. 24 $/Tag, Rollerskates
5 $/Std. bzw. 20 $/Tag, Räder 5 $/
Std. bzw. 25 $/Tag

Bike and Roll
▶ S. 114, C 6

Mountain- und Trekkingbikes sowie
Straßenräder namhafter Hersteller.
899 Columbus Ave./North Beach •
Tel. 229-2000 • www.bikeandroll.
com

ÖFFENTLICHE VERKEHRSMITTEL

San Francisco verfügt über ein hervorragendes öffentliches Verkehrs-
system (**MUNI**, www.sfmuni.com)
mit über 5000 Haltepunkten. Seine
Busse und Straßenbahnen verkehren von etwa 5.30 bis 0.30 Uhr
(OWL-Nachtbusse auf manchen
Routen von 0.30 bis 5.30), die einfache Fahrt kostet 2 $. **Cable Cars**
fahren auf drei Routen von 6 bis
1 Uhr, das Ticket kostet hier 5 $. Der
MUNI-Pass gilt für Busse und Straßenbahnen und kostet für 1 Tag 13 $,
3 Tage 20 $ und 7 Tage 26 $.
Die U-Bahn **BART** verbindet die
East Bay mit San Francisco. Betriebs-
zeit von Montag bis Freitag 4 bis
24 Uhr, samstags ab 6, sonntags ab
8 Uhr; Tickets ab 1,75 $.

TAXIS

Wie in Deutschland auch winkt man
Taxis einfach heran oder bestellt sie
telefonisch. Die erste Meile kostet
2,50 $, jede weitere 1/5 Meile 1,80 $.
Zusätzlich sind 15 Prozent Trinkgeld üblich.

ZEITUNGEN UND ZEITSCHRIFTEN

Morgens erscheint der »San Francisco Chronicle«, am Spätnachmittag
der »San Francisco Examiner«. Als
Informationsquelle für aktuelle Ver-
anstaltungen sind auch der »Bay
Guardian« und »SF Weekly« sehr
hilfreich, die wöchentlich erscheinen und kostenlos ausliegen.
Deutsche Zeitungen kann man mit
mehrtägiger Verzögerung im **Cafe
de la Presse**, 352 Grant Ave., kaufen.

ZEITVERSCHIEBUNG

In San Francisco gilt die Pacific Stan-
dard Time (MEZ -9 Std.).

ZOLL

Die Einfuhr von bestimmten Le-
bensmitteln (z.B. Fleisch und
Wurstwaren) in die USA ist verbo-
ten. Zollfrei darf nicht mehr als 1 l
Alkohol von Personen über 21 Jahren in die USA eingeführt werden.
Reisende aus Deutschland und
Österreich dürfen Waren im Wert
von 430 € (Jugendliche: 175 €) abgabenfrei mit nach Hause nehmen,
Reisende aus der Schweiz im Wert
von 300 SFr. Die Waren müssen für
den privaten Gebrauch vorgesehen
sein. Tabakwaren und Alkohol fallen nicht unter diese Wertgrenze
und bleiben in bestimmten Mengen
abgabenfrei (z.B. 200 Zigaretten, 4 l
Wein). Weitere Auskünfte erhalten
Sie unter www.zoll.de, www.bmf.gv.
at/zoll und www.zoll.ch

Kartenatlas
Maßstab 1:26 000

Legende

Spaziergänge
- Durch die Gassen von Chinatown (S. 68) Start: S. 115, D 6
- North Beach, San Franciscos »Little Italy« (S. 72) Start: S. 115, D 6
- Mission District (S. 76) Start: S. 119, E 15

Sehenswürdigkeiten
- MERIAN-TopTen
- MERIAN-Tipp
- Sehenswürdigkeit, öffentl. Gebäude
- Sehenswürdigkeit Kultur
- Sehenswürdigkeit Natur
- Kirche; Kloster
- Moschee; Synagoge
- Tempel
- Museum

Sehenswürdigkeiten ff.
- Denkmal

Verkehr
- Autobahn
- Autobahnähnliche Straße
- Fernverkehrsstraße
- Hauptstraße
- Nebenstraße
- Unbefestigte Straße, Weg
- Fußgängerzone
- Cable Car
- Parkmöglichkeit
- Busbahnhof
- Muni Metro, BART
- Schiffsanleger
- Flughafen; Flugplatz

Sonstiges
- Information
- Theater
- Markt
- Golf
- Windmühle
- Aussichtspunkt
- Friedhof
- Muslimischer Friedhof
- Jüdischer Friedhof
- National-, Naturpark

A B C

↑ Sausalito

Fort Point

Marine Dr.

Fort Point Rock

Battery East Rd.

Long Ave.

Toll Plaza

Hofmann St.

Armistead Rd.

Golden Gate Bridge

Storey Ave.

Marchant Rd.

Livingston

Golden Gate B

Crissy Fiel

Ruckman Ave.

McDowell Ave.

Lincoln Boulevard

Ralston Ave.

Upton Ave.

Parade Ground

Upton Ave.

Kobbe Ave.

Hitchcock St.

Wright Lp.

Park Blvd.

San Francis Military C

West Coast Memorial

Washington Blvd.

Naumar

Pipe Loo

Pershing Dr.

Compton Rd.

Baker Beach

Stilwell Rd.

Reservoir

Pres National (U.S. Mi

O z e a n

South Bay

Gibson Rd.

Bowley St.

Park Blvd.

West Pacific Ave.

G

es D. Phelan (China Beach)

Sediff Ave.

28th Ave.

Howard Rd.

U.S. Public Health Service Hospital

Mountain Lake Park

Mountain Lake

116

Lake St.

Lake Street

Richmond Playground

10th Ave.

9th Ave.

8th Ave.

7th Ave.

Rochambeau Playground

California Street

Sutro School

Park Presidio Boulevard

Seacliff

Star Of Sea Sc

upont Tennis Cts.

33rd Ave.

Clement St.

27th Ave.

Clement St.

25th Ave.

23rd Ave.

21st Ave.

19th Ave.

17th Ave.

15th Ave.

12th Ave.

11th Ave.

Geary Boulevard

31st Ave.

29th Ave.

Arguello Park

Anza St.

Argonne Playground

32nd Ave.

30th Ave.

28th Ave.

26th Ave.

24th Ave.

22nd Ave.

20th Ave.

18th Ave.

16th Ave.

14th Ave.

Funston Ave.

Balboa Stre

F. Mc Coppin School

34th Ave.

Cabrillo St.

12th Ave.

9th Ave.

Richmond

A B **117** C

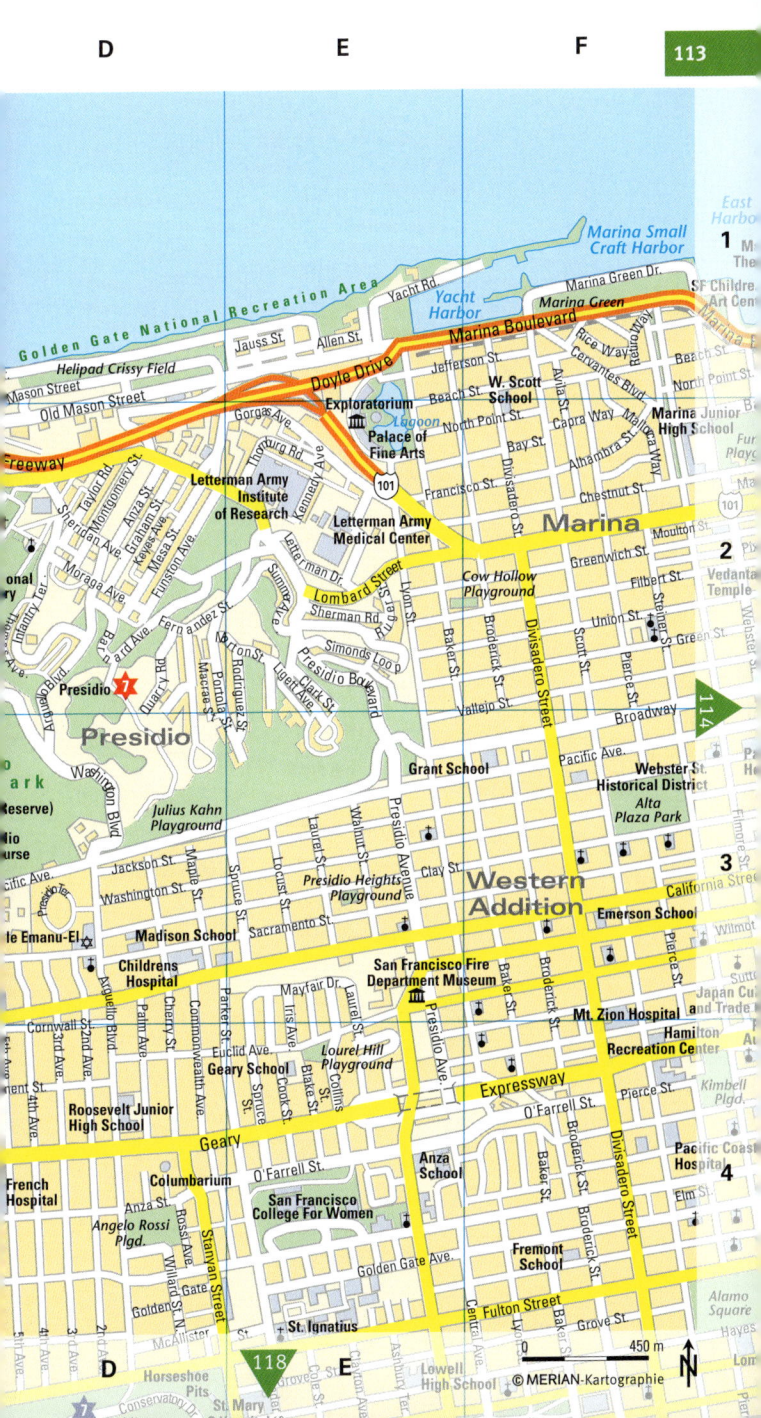

East Harbor

Marina Small Craft Harbor

SF Childre Art Cen

Marina Green Dr.

Marina Green

Marina Boulevard

Rice Way

Cervantes Blvd.

Beach St.

North Point St.

Marina Junior High School

Fur Playc

Golden Gate National Recreation Area

Helipad Crissy Field

Jauss St.   Allen St.

Yacht Rd.

Yacht Harbor

Doyle Drive

Mason Street

Old Mason Street

Gorgas Ave.

Jefferson St.

W. Scott School

Beach St.

Avila St.

North Point St.

Capra Way

Mallorca Way

Alhambra St.

Bay St.

Chestnut St.

Marina

Ma

Exploratorium

Palace of Fine Arts

Letterman Army Institute of Research

Thornburg Rd.

Kennedy Ave.

101

Letterman Army Medical Center

Francisco St.

Divisadero Street

Moulton St.

Greenwich St.

Filbert St.

Vedanta Temple

Freeway

Sheridan Ave.

Taylor Rd.

Montgomery St.

Graham St.

Anza St.

Keyes Ave.

Masa St.

Moraga Ave.

Funston Ave.

Letterman Dr.

Sumner Rd.

Lombard Street

Sherman Rd.

Lyon St.

Baker St.

Cow Hollow Playground

Brodrick St.

Union St.

Scott St.

Pierce St.

Steiner St.

Green St.

Broadway

114

Presidio

Fernandez St.

Girard Rd.

Portola St.

Rodriguez St.

Liggett Ave.

Quarry Rd.

Simonds Loop

Clark St.

Presidio Boulevard

Vallejo St.

Presidio

Washington Blvd.

Pacific Ave.

Grant School

Webster St. Historical District

Alta Plaza Park

Pacific Ave.

Pa

(Reserve)

Julius Kahn Playground

Jackson St.

Maple St.

Spruce St.

Locust St.

Presidio Heights Playground

Laurel St.

Walnut St.

Presidio Avenue

Clay St.

Western Addition

California Stree

3

dio urse

Jackson St.

Washington St.

Sacramento St.

Emerson School

Pierce St.

Wilmot

ific Ave.

le Emanu-El

Madison School

Childrens Hospital

Angello Blvd.

Palm Ave.

Cherry St.

Commonwealth Ave.

Parker Ave.

Mayfair Dr.

Iris Ave.

Laurel St.

San Francisco Fire Department Museum

Presidio Ave.

Baker St.

Mt. Zion Hospital

Japan Cu and Trade

Su

Cornwall St.

3rd Ave.

2nd Ave.

Euclid Ave.

Blake St.

Cook St.

Spruce St.

Collins St.

Laurel Hill Playground

Geary School

Expressway

O'Farrell St.

Pierce St.

Hamilton Recreation Center

Kimbell Plgd.

ent St.

Roosevelt Junior High School

Geary

Columbarium

O'Farrell St.

Anza School

Brodrick St.

Baker St.

Divisadero Street

Pacific Coast Hospital

4

French Hospital

Anza St.

Rossi Ave.

Stanyan Street

Willard St.

San Francisco College For Women

Golden Gate Ave.

Fremont School

Elm St.

Angelo Rossi Plgd.

Golden Gate Ave.

Fulton Street

Grove St.

Alamo Square

Hayes

118

4th Ave.

3rd Ave.

2nd Ave.

McAllister St.

Horseshoe Pits

St. Mary

+ St. Ignatius

Ashbury Terr.

Lowell High School

Central Ave.

Conservatory Dr.

Lom

0   450 m

© MERIAN-Kartographie

N

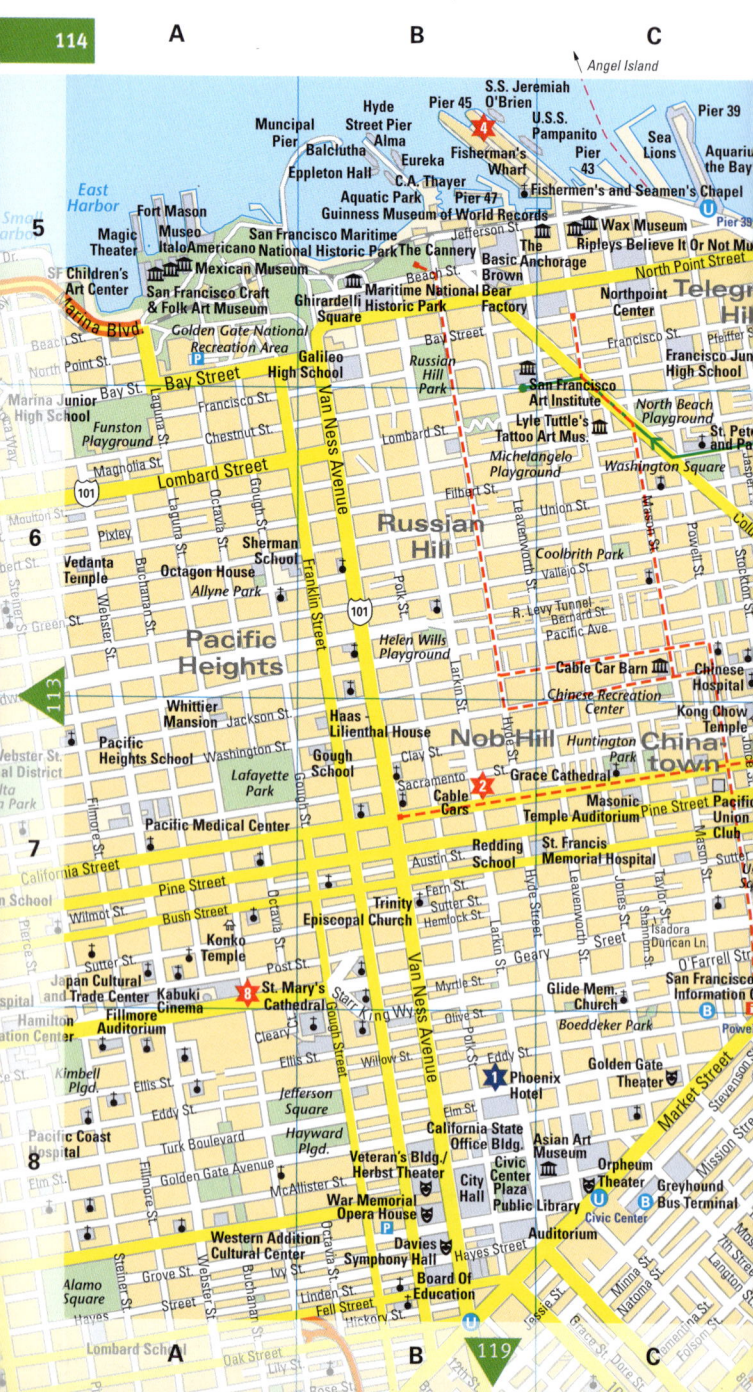

A   B   C

Angel Island

Small Harbor

East Harbor

5

SF Children's Art Center

6

113

7

8

Municipal Pier
Hyde Street Pier
S.S. Jeremiah O'Brien
Pier 45
Pier 39

Balclutha
Alma
Fisherman's Wharf
U.S.S. Pampanito
Sea Lions
Aquarium the Bay

Eppleton Hall
Eureka
Pier 43

C.A. Thayer
Pier 47
Aquatic Park
Fishermen's and Seamen's Chapel

Guinness Museum of World Records

Fort Mason
Museo ItaloAmericano
San Francisco Maritime National Historic Park
The Cannery
Wax Museum
Ripleys Believe It Or Not Mus

Magic Theater

Mexican Museum
The Basic Brown
North Point St.

San Francisco Craft & Folk Art Museum
Ghirardelli Square
Maritime National Historic Park
Beach St.
Anchorage
Northpoint Center
Telegraph Hi

Marina Blvd.

Golden Gate National Recreation Area
Bay Street
Bear Factory
Francisco St.
Francisco Jun High School

Galileo High School
Russian Hill Park
San Francisco Art Institute
North Beach Playground

Marina Junior High School
Bay St.
Francisco St.
Lyle Tuttle's Tattoo Art Mus
St. Pet and Pa

Funston Playground
Chestnut St.
Lombard St.
Michelangelo Playground
Washington Square

Magnolia St.
Lombard Street
Filbert St.

Moulton St.
Pixley
Sherman School
Union St.
Russian Hill

Vedanta Temple
Buchanan St.
Octagon House
Allyne Park
Polk St.
Coolbrith Park
Vallejo St.

Webster St.
Pacific Heights
Franklin Street
Helen Wills Playground
R. Levy Tunnel
Bernard St.
Pacific Ave.

Whittier Mansion
Jackson St.
Haas-Lilienthal House
Cable Car Barn
Chinese Recreation Center
Chinese Hospital

Pacific Heights School
Washington St.
Gough School
Clay St.
Nob Hill
Huntington Park
Kong Chow Temple
China town

Lafayette Park
Sacramento St.
Cable Cars
Grace Cathedral
Pacific Union Club

Pacific Medical Center
Masonic Temple Auditorium
Pine Street

Pine Street
Austin St.
Redding School
St. Francis Memorial Hospital

Wilmot St.
Bush Street
Fern St.
Sutter St.

Konko Temple
Trinity Episcopal Church
Hemlock St.
Geary

Japan Cultural and Trade Center
Post St.
Myrtle St.
Glide Mem. Church
San Francisco Information C

Kabuki Cinema
St. Mary's Cathedral
Olive St.
Boeddeker Park

Fillmore Auditorium
Cleary
Willow St.
Eddy St.

Kimbell Plgd.
Ellis St.
Jefferson Square
Phoenix Hotel
Golden Gate Theater

Eddy
Turk Boulevard
Hayward Plgd.
Elm St.
California State Office Bldg.
Orpheum Theater

Pacific Coast Hospital
Golden Gate Avenue
Veteran's Bldg./Herbst Theater
Asian Art Museum
Greyhound Bus Terminal

McAllister St.
City Hall
Civic Center Plaza
Public Library

Western Addition Cultural Center
War Memorial Opera House
Davies Symphony Hall
Auditorium
Civic Center

Alamo Square
Grove St.
Board Of Education
Hayes Street

Hayes
Fell Street
Linden St.
Hickory St.

Lombard School
Oak Street
Lily St.
Rose St.

↑ Alcatraz **1**

5

Pier 35

Pier 33

Pier 31

Pier 29

Bay

The Embarcadero

Chestnut

Montgomery

Pier 27
Foreign
Trade Zone

Lombard St.

Coit
Tower

Pier 19

Greenwich

Pier 17

3

Telegraph Hill

Greenwich St.

Filbert St.

Pier 15

Alta St.

Pier 9

Green

Pier 7

Kearny

Battery St.

Davis St.

N.E. Waterfront
Historical District

Pier 3

Broadway

Beat
Museum

Sansome St.

Pier 1

Sidney
Walton Park

6

allejo St.

Broadway
Rest.

Washington

Golden
Gateway
Center

Bix

Front St.

World Trade Center
Ferry Plaza East

2

Jackson St.

Custom
House

Justin
Herman
Plaza

Pier 2

Transamerica
Pyramid

Washington Street

Ferry
Terminal

Ferry
Building

Clay Street

Drumm St.

Tien Hou
Temple

Commercial St.

Embarcadero
Center

B

The Embarcadero

Old St. Mary's
Church

Davis St.

Embarcadero

Oakland

Halleck St.

Bank of America

Wells Fargo
History Museum

Federal
Reserve
Bank

Rincon
Center

Pacific Coast
Stock Exchange

Folsom

Steuart Street

Mills Building

Pier 24

Claude Lane

Montgomery

Spear St.

7

Hallidie
Building

University

Transbay
Terminal

Main St.

Grant Ave.

Montgomery
St.

New
Montgomery St.

G. G.

Mission St.

Beale St.

Folsom St.

Malden
Street

Minna St.

Fremont School

Howard St.

Fremont St.

Harrison Street

Cartoon Art Museum

Natoma St.

Tehama St.

Essex St.

First St.

Pier 30

wish Museum

Contemporary

SF
Camerawork

San Francisco
Museum of Modern Art

10

Upper Deck

80

Pier 32

Yerba Buena
Center for the Arts

Jessie St.

Yerba Buena
Gardens

Brannan

Bryant Street

Old Mint

4th St.

Moscone
Center

Brannan Street

Barbary
Coast Trail

6

Children's
Creativity
Museum

5th Street

2nd St.

8

Tehama St.

Lincoln
School

James Lick Skyway

Tabor Pl.

South
Park

Clementina

Folsom St.

James Lick Freeway

2nd Street

South Beach
Harbor Park

Shipley St.

Clara St.

Welsh St.

Ritch St.

3rd Street

Townsend St.

2nd St. & King

Columbia Sq.

Freelon St.

San Francisco
Park

AT&T Park
(SF Giants)

Pier 46 B

B.
Carmichael

Morris St.

Bluxome St.

San Francisco
CalTrain Depot

Pier 62

4th St. & King

China Basin St.

5th Street

King St.

Townsend St.

Hall of
Justice

280

0   450 m

© MERIAN-Kartographie

N

7th St.

Berry St.

4th Street

Mission
Rock St.

Channel St.

D   **E**   **F**

A　　　　　　B　　　　　　C

South

9

10

11

12

James D. Phelan Beach (China Beach)

Sea Cliff A

Lands End

Golden Gate National Recreation Area

El Camino dal Mar

Lake St.

Lincoln Park

California Palace of the Legion of Honor

Lincoln Park Municipal Golf Course

Legion of Honor Dr.

Dupont Tennis Cts.

Sea

Veterans Administration Hospital

El Camino Del Mar

Clement S

29th Ave

31st Ave

33rd Ave

Clement St.

38th Ave

35th Ave

Merrie Way

Seal Rocks

Cliff House

48th Ave

Geary Boulevard

Sutro Heights Park

39th Ave

37th Ave

36th Ave

34th Ave

32nd Ave

30th Ave

46th Av

44th Av

42nd Av

40th Ave

Balboa Street

Rich

47th Ave

La Playa

48th Av

45th Av

43rd Av

41st Av

Cabrillo St.

Cabrillo Playground

Fulton Street

Sreckels Lake Dr.

Mar

Great Highway

Chain Of Lakes Dr.

North Lake

Buffalo Paddock

Spreckels Lake

Lindley Mead

Dutch Windmill

Golden Gate Park Golf Course

John F. Kennedy Dr.

Fly Casting Pools

Golden Gate Park Stadium

Middle Drive We

M La

Beach Chalet

Middle Lake

Murphy Windmill

South Lake

Martin Luther King Jr. Dr.

Lincoln Way

Irving St.

43rd Ave

41st Ave

39th Ave

37th Ave

35th Ave

33rd Ave

31st Ave

47th Ave

45th Ave

Ju

30th Ave

Ocean Beach

48th Ave

46th Ave

44th Ave

42nd Ave

40th Ave

38th Ave

Judah & Sunset

34th Ave

32nd Ave

Ocean Beach

Sunset

Sunset Blvd.

Lawton St.

La Playa

Noriega St

San Francisco Zoo

A　　　　　　B　　　　　　C

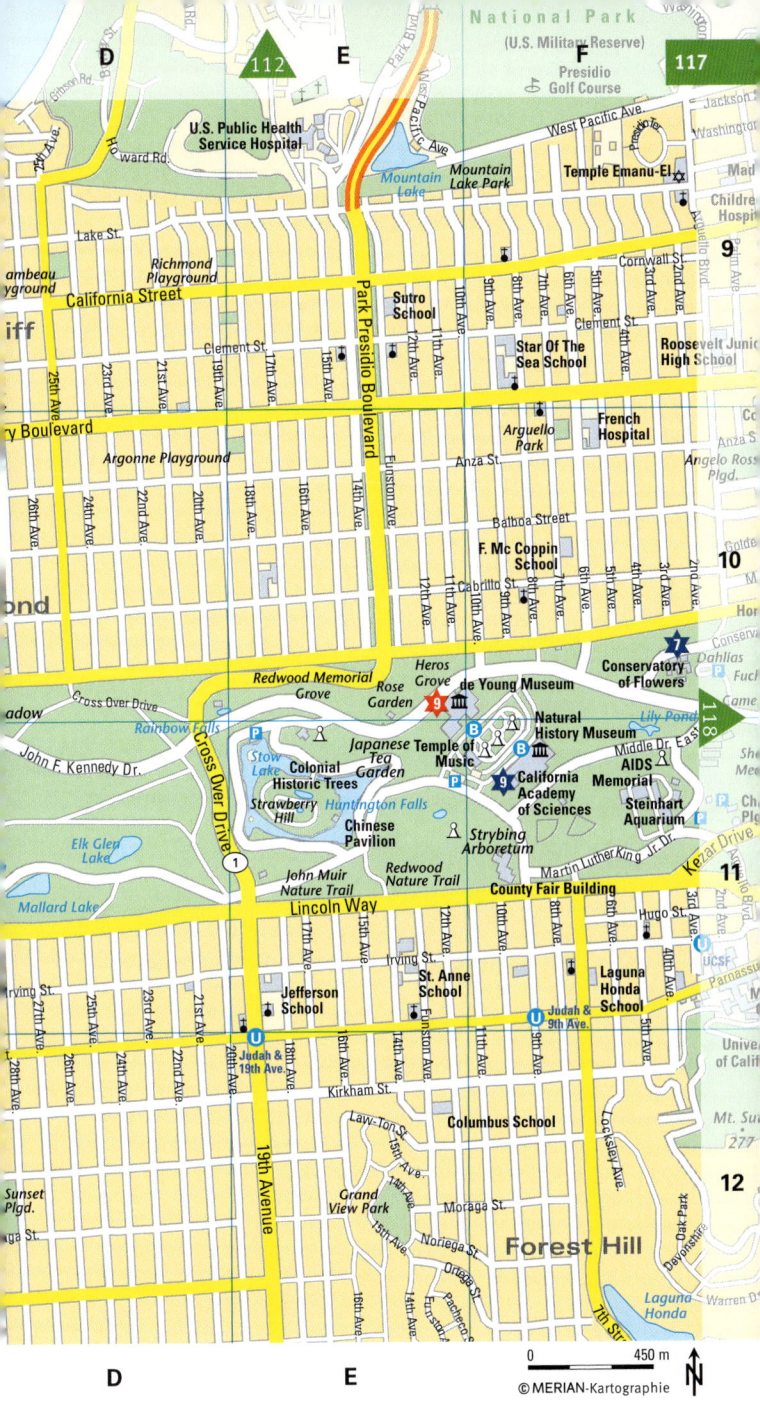

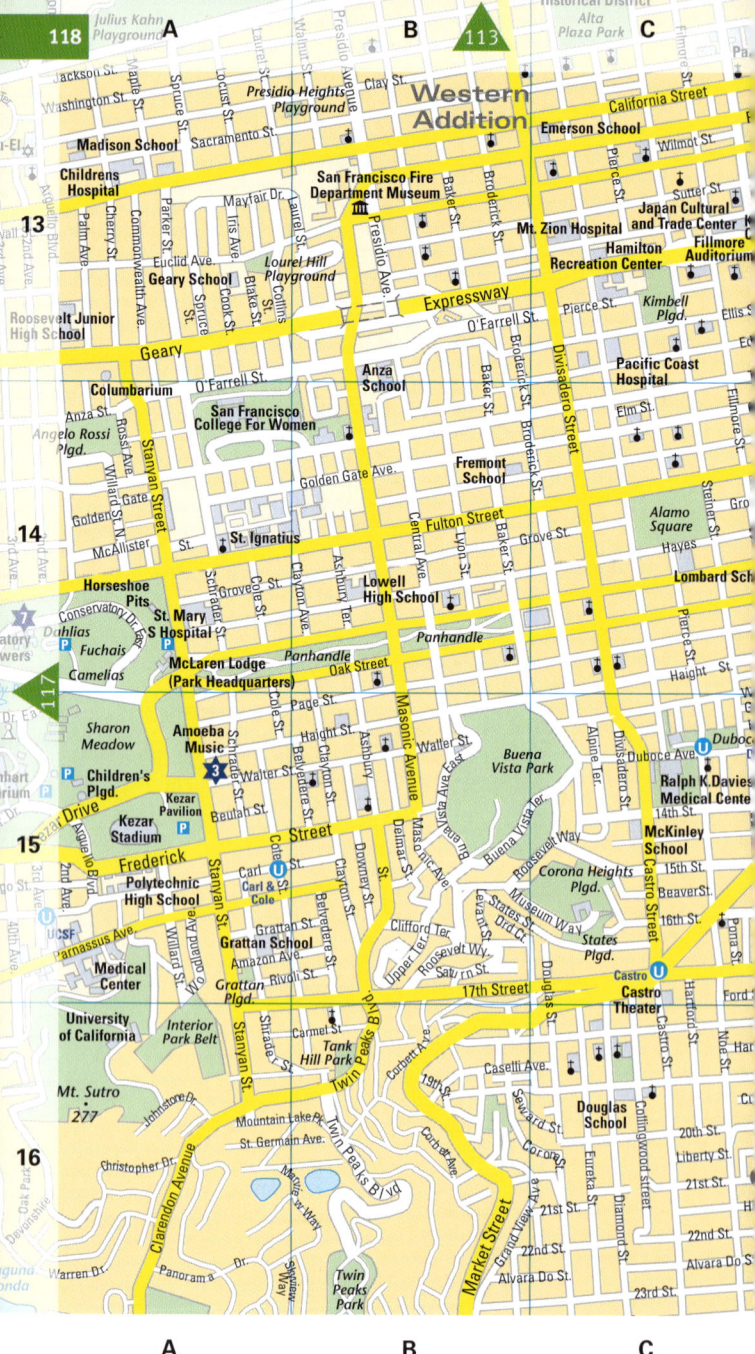

Julius Kahn Playground

Grant School

Webster St. Historical District

Heights St.

Alta Plaza Park

Jackson St.

Washington St.

Madison School

Presidio Heights Playground

Clay St.

Western Addition

California Street

Emerson School

Wilmot St.

Childrens Hospital

Mayfair Dr.

San Francisco Fire Department Museum

Sacramento St.

Mt. Zion Hospital

Japan Cultural and Trade Center

Sutter St.

13

Geary School

Lourel Hill Playground

Hamilton Recreation Center

Fillmore Auditorium

Roosevelt Junior High School

Euclid Ave.

Expressway

Pacific Coast Hospital

Kimbell Plgd.

Ellis St.

Geary

O'Farrell St.

Columbarium

O'Farrell St.

Anza School

Elm St.

Anza St.

Angelo Rossi Plgd.

San Francisco College For Women

Golden Gate Ave.

Fremont School

Fulton Street

Alamo Square

14

McAllister

St. Ignatius

Grove St.

Hayes

Lombard Sch

Horseshoe Pits

Conservatory Dr. East

Dahlias

St. Mary S Hospital

Clayton Ave.

Lowell High School

Panhandle

Haight St.

Fuchais

Camelias

McLaren Lodge (Park Headquarters)

Panhandle

Oak Street

Sharon Meadow

Amoeba Music

Page St.

Haight St.

Buena Vista Park

Duboce Ave.

Ralph K.Davies Medical Cente

117

Children's Plgd.

Walter St.

14th St.

McKinley School

Kezar Stadium

Kezar Pavilion

Beulah St.

Corona Heights Plgd.

15th St.

BeaverSt.

15

Frederick

Carl St.

Carl & Cole

Museum Way

States Plgd.

16th St.

Polytechnic High School

Grattan School

Clifford Ter.

Roosevelt Wy.

Castro Theater

Ford

UCSF

Medical Center

Grattan Plgd.

17th Street

Castro

Parnassus Ave.

University of California

Interior Park Belt

Carmel St.

Tank Hill Park

Caselli Ave.

Douglas School

18th St.

Liberty St.

Mt. Sutro 277

Johnstone Dr.

St. Germain Ave.

19th St.

Eureka Street

Diamond St.

20th St.

21st St.

16

Christopher St.

Mountain Lake Pk.

Twin Peaks Blvd.

Seward Ave.

Corona

21st St.

22nd St.

Warren Dr.

Panoram a

Twin Peaks Park

Market Street

Grand View Ave.

Alvara Do St.

23rd St.

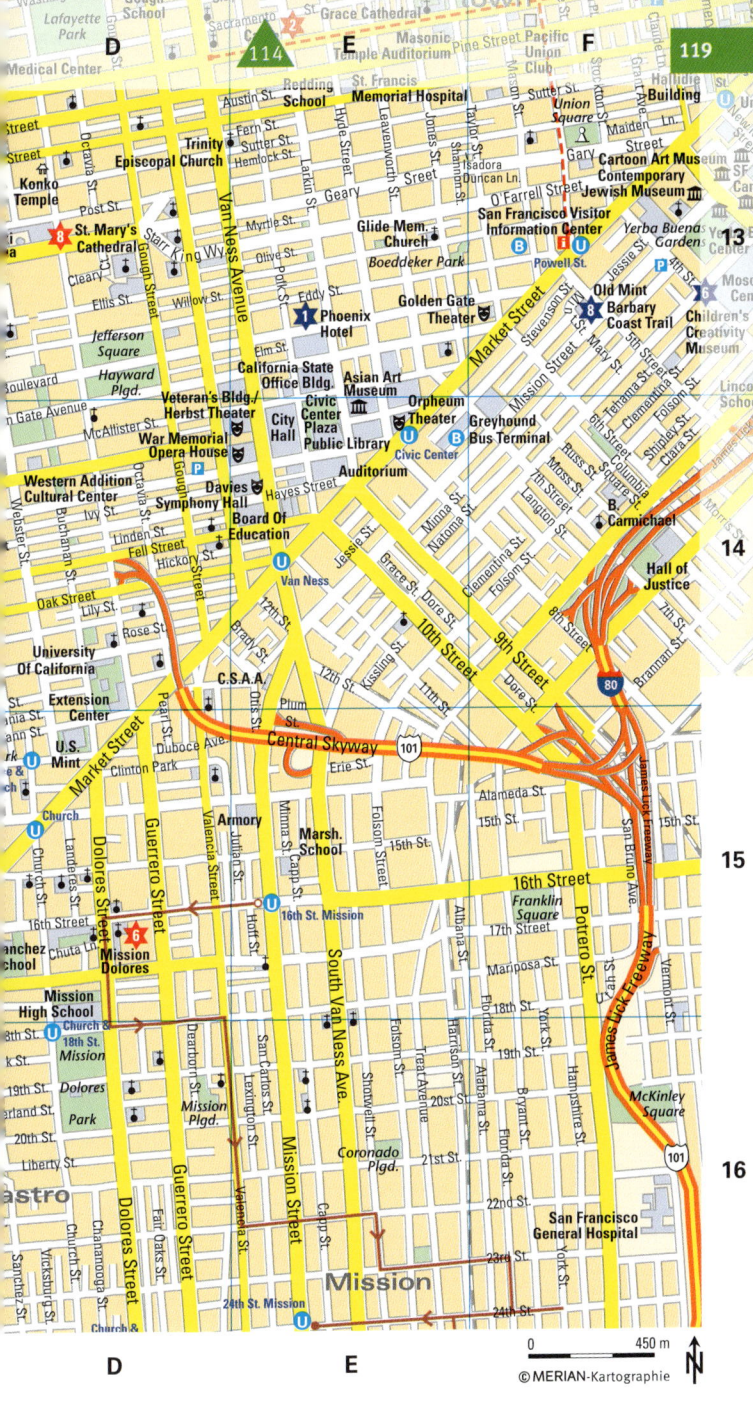

Kartenregister